단어만 알면
거침없이 영어되는
비법

책

단어만 알면 거침없이 영어되는 비법 책

지은이 최재봉
펴낸이 김병식
펴낸곳 애로우 잉글리시
등록 2013년 1월 18일
주소 서울 강남구 역삼동 831-24 예미프레스티지빌딩 3층 (135-080)

기획 및 책임 편집 김병식
편집디자인 및 일러스트 이승철
채색 박경진

초판 5쇄 2013년 8월 14일 발행

값 12,000원

이 책 내용의 일부 또는 전부를 재사용하시려면 반드시 (주)애로우 잉글리시의 동의를 얻어야 합니다.
파본은 구입하신 서점에서 교환해 드립니다.

단어만 알면
거침없이 영어되는
비법
책

Contents

Preface 영어는 단 하나의 단순한 법칙으로   **9**
문법없이, 암기없이 공부할 수 있다.

Chapter 1 영어 정복의 첫걸음, 원리의 이해

깨달음에 이르는 근본적 질문들   **35**
우리말과 영어의 어순은 왜 다를 수밖에 없는가   **40**
영어의 원리 1 – 주어와 가까운 것부터   **43**
영어의 원리 2 – 물리적, 논리적 이동 순서대로   **53**
영어의 원리 3 – 영어는 동영상이다!   **59**
듣기와 말하기를 위해서도 원리 이해는 필수다!   **79**
원어민처럼 생각하기   **83**

Chapter 2   주요 문형을 통한 애로우 잉글리시 응용

나는 존재한다, 고로 내 뒤에 be동사가 있다	89
대상보다 우선하는 주어의 동작	91
주어의 동작과 대상을 이어주는 전치사	92
동사가 겹쳐 나올 때도 주어와 가까운 것부터 먼저	95

Chapter 3   진정한 영어공부의 지름길(1)

영어의 관절, 기능어를 잡아라!	101
전치사는 양면을 아우르는 연결고리	103
영어 어순을 이해하지 못해 생긴 전치사의 왜곡	107
잘못된 전치사의 개념, 이미지(그림)로 바로잡아 이해하기	110
사진기사를 이용한 전치사 익히기	126
동사와 전치사의 어울림	132

Chapter 4 진정한 영어공부의 지름길(2) - 거침없이 말 늘리기

관계사를 이용한 말 늘리기   139

접속사를 이용한 말 늘리기   150

'동사+ing, 동사+ed분사, To+동사'로 말 늘리기   163

'전치사+명사'로 말 늘리기   173

Chapter 5 애로우 잉글리시로 영어를 완성하라

영어는 주어에서부터 순서대로 그려지는 동영상이다.   179

사진기사로 영어 체질 바꾸기   182

TV 뉴스로 학습하기   191

영화와 드라마로 학습하기   196

영어와 놀던 필자의 하루   200

거의 모든 학습법과 교재가 주장하는 대로 문법공부를 탄탄히 하고 무조건 좋은 문장을 많이 외우면 영어가 될까요?

잘 이해되지도 않는 규칙과 정형화된 몇몇 문장들을 외워서 기계적으로 말한 것을 가지고 제대로 된 회화를 했다고 볼 수 있을까요?

또한, 그렇게 외운 수많은 문장을 정말로 실사용에 써먹을 수 있을까요?

입사 원서에 첨부된 영어 자기소개서들을 보자면 각각의 사람들이 마치 천편일률적인 인생을 산 것처럼 문장이 너무나도 유사한 것을 발견할 수 있습니다. 이는 시중에 나온 참고 서적과 인터넷 검색을 통해 만든 짜깁기 영작 문화가 낳은 결과입니다. 이 땅에서 영어를 공부하는 사람들은 여전히 문장 암기, 표현 짜깁기 식의 영어 공부를 답습하고 마치 그것이 최고의 영어학습인 양 착각하고 있는 것이 국내 영어 공부의 현실입니다. 그러나 필자는 이처럼 단언합니다.

영어는 단 하나의 단순한 법칙으로 문법 없이, 암기 없이 공부할 수 있다.

우리말에는 있고
영어에는 없는 것은?

우리말이나 일본어에는 **'은/는/이/가/을/를'**과 같이 그 단어의 쓰임새를 알려주는 조사가 발달해 있기 때문에 문장의 어순이 바뀌어도 그 뜻을 전달하는 데 크게 문제가 없습니다.

그러나 **영어에는 조사가 없으므로 어순이 바뀌면 전달하고자 하는 뜻이 왜곡**되거나 이상한 말이 되고 맙니다.

영어의 단순 법칙
주어(주인공)에서부터 가까운 순서대로
단어를 늘어놓는다!

!

영어는 '**은, 는, 이, 가, 을, 를**'과 같은 조사가 없으므로 문장에서 어순이 지극히 중요하게 작용하고, 이 때문에 영어 문장은 순서대로 정보가 표현되고, 수용되어야 하는 구조를 탈피할 수 없습니다. 영어에서 단어가 놓인 위치와 순서는 마치 목숨과도 같다고 볼 수 있지요. 좀 더 심층적으로 분석해 들어가 보면 이렇게 언어적 구조가 다른 것은 바로 동서양의 사고방식의 차이에서 오는 것이고, 그 사고방식도 실은 단순한 법칙 그 자체, 바로 주어에서부터 가까운 순서대로 단어를 늘어놓는다는 !입니다.

정말 영어의 구조가 그렇게 단순한가요?

?

영어 법칙의 핵심은 '**영어 문장은 주어를 중심으로 순서대로 확장되는 구조로 되어 있다**'는 것입니다. 더욱 쉽게 설명하자면, 주어, 즉 기준이 되는 주체로부터 물리적으로 가까운 것에서 먼 순서대로 한 단어 한 단어 배열되어 나가는 것이 영어 문장의 구조입니다. 결코 그 이상도 그 이하도 아닙니다.

영어는 암기 과목이 아닌 이해 과목.

!

'멋진 표현을 암기하여 말하지 않더라도 할 말 다하는 영어'
실은 이것이야말로 우리나라 사람들이 추구해야 할 영어의 목표가 아닌가 생각됩니다. 몇 마디 외워서 내뱉고 상대방의 물음에 묵묵부답 바닥만 보는 앵무새 영어보다는 할 말 다하는 영어가 백배 천배 낫다 볼 수 있지요. 하지만 이러한 할 말 다하는 영어가 실제로 가능해지려면 영어의 가장 큰 핵심인 **'주어에서부터 순서대로 단어를 배열하는 힘'**을 소유해야 합니다.

<u>영어는 암기 과목이 아니라 이해 과목이란 사실을 기억하십시오.</u> 영어의 사고방식부터 제대로 이해할 때 영어는 비로소 내 것이 됩니다.

기존의 방식과 차이가 나나요?

오른쪽 페이지에 있는 사진과 함께 영문을 읽어보시기 바랍니다.

아래의 내용은 기존에 가지고 있던 영어에 대한 필자의 안목을 180도 달라지는 계기를 만들어 준 영어신문에 게재된 사진기사입니다. 이 글을 읽는 독자분께서도 한 번 읽고 해석해보시기 바랍니다.

A snowboarder jumps off the cliff.

snowboarder: 스노보드를 타는 사람
jump: 점프하다
cliff: 절벽

기존의 방식

A snowboarder jumps off the cliff.

"한 스노보드를 타는 사람이...... 절벽으로부터...... 음...... 점프한다." 어때? 이 정도면 나쁘지 않잖아요?

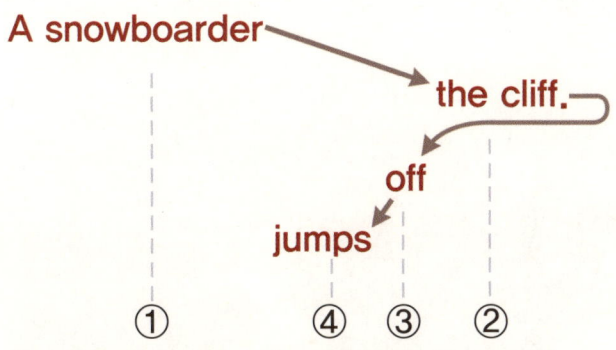

A snowboarder jumps off the cliff.

주어에서 제일 뒤에 있는 the cliff로 갔다가 거꾸로 거슬러 올라오며 영어 문장을 이해하는 것이 과연 합리적일까요?

혹시 원어민도 이 문장을 뒤집어서 이해하나요?

A snowboarder jumps off the cliff.

아래의 순서가 원어민이 영어를 읽는 순서입니다.

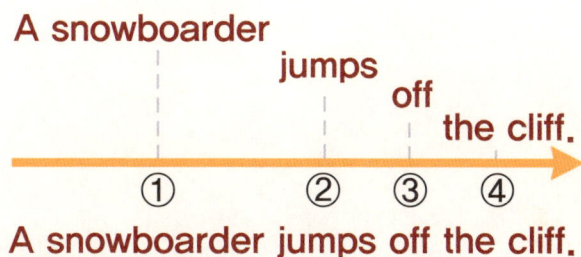

우리가 우리말을 읽을 때 순서대로 읽듯 원어민도 동일하죠.
원어민 어순을 우리말로 옮기면 다음과 같습니다.
한 스노보드 타는 사람 → 점프하다 → 떨어진 대상은 → 절벽.

뒤집지 않는 방식의 이점이 무엇인가요?

?

한 스노보드 타는 사람 → 점프하다 → 떨어진 대상은 → 절벽.
순서대로 읽고 이해했을 때 사진과 문장이 얼마나
잘 맞아떨어지는지 관찰하시기 바랍니다.

뒤집지 않는 방식은 막힘이 전혀 없습니다.

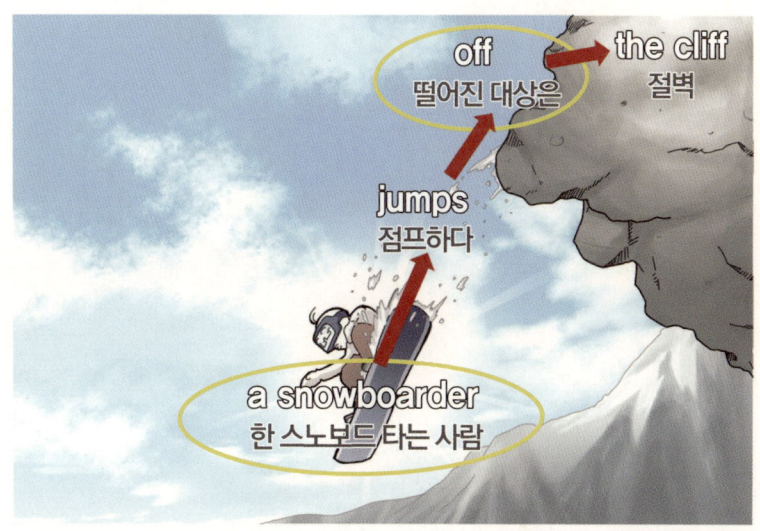

A snowboarder jumps off the cliff.
① 한 스노보드 타는 사람 → ② 점프하다 → ③ 떨어진 대상은 → ④ 절벽.

영어가 단어 순서대로 그림을 그리고 있는 것이 보이십니까? 이렇게 순서대로 이해하는 방식이 당연한 것처럼 느껴지지 않는지요? 기존의 뒤집어서 이해하는 방식은 영어를 사용하면 할수록 문장이 길어지면 길어질수록 사용자의 뇌에 엄청난 과부하를 일으킬 것입니다. 그러나 순서대로 읽는 원어민 사고는 그러한 병목현상이 전혀 없습니다.

언어가 무엇이라고 생각하십니까?

?

**자신이 보거나, 생각하는 것을
다른 사람에게 전달하기 위해서 사용하는 것이
언어입니다.**

!

전달하는 과정에서 도구로 글자를 이용하든 소리를 이용하든 또는 수화를 이용하든, 모스 부호를 사용하든 간에 목적은 똑같습니다. 바로 자신이 눈으로 본 그림을, 또는 상황을 다른 사람 머릿속에 그대로 그려 주고 이해하도록 하기 위함입니다. 그 반대로 다른 사람의 생각을 내 머릿속에 그리고 이해하기 위한 과정이 바로 읽기와 듣기입니다.

결국, 말하기든, 읽기든, 듣기든 이 모든 과정은 궁극적으로 머릿속에 그림을 그리는 것입니다.

모국어 방식으로 영어를 배운다는 것이 무엇일까?

필자는 항상 궁금했었습니다.

왜 우리가 영어를 배우는 것과 그네들이
영어를 배우는 것에 차이가 있을까?

모국어 방식은
곧
말과 동작이 동시에 진행되는 영어환경

!

　엄마가 아이에게 우유를 먹이는 장면을 생각해 보십시오. 엄마가 그냥 아무 말도 없이 우유병을 아이에게 들이밀고서 먹으라고 몸짓만 하지는 않을 것입니다. 아이에게 따뜻하게 사랑을 담아 말을 합니다. 그리고 이때도 엄마는 일단 말만 먼저 하고 우유병을 뒤에 물려 주는 것이 아니라 <u>말을 하는 동시에 동작을 취합니다.</u>
　이처럼 엄마와 아기의 경우를 보면 영어 단어와 그 단어에 해당하는 동작이 동시에 붙어서 진행이 됩니다. 처음엔 아이가 그저 엄마가 말해 주는 **milk**(우유)만 결합하다가 나중에 **drink a bottle of milk**와 같이 여러 단어를 조합해서 순서대로 동작과 연결할 수 있게 됩니다. 영어가 **"단어 순서대로 동작을 취하는 동영상"**으로 발전하게 된 것입니다.

**미국에 간 아이들이 6개월 정도가 지나면
영어를 하게 되는 이유가 어디 있을까요?**

?

필자는 항상 궁금했었습니다.

보통 미국에 가면 아이들은 개인차가 있긴 하지만 6개월 정도가 지난 시점부터 영어를 좀 하게 됩니다. 어떻게 이 아이들이 이렇게 되는 걸까요? 해답은 간단합니다. 아이들은 수업시간보다 친구들에게 영어를 배웁니다. 친구들이 함께 놀고 공부할 때 원어민 엄마와 같이 동작을 통해 영어 단어에 그림을 붙여 주고 그것을 순서대로 구사하면서 아이들에게 살아 있는 영어 선생 노릇을 해주는 것입니다.

영어, 이제 책장만 넘기면
문법 없이, 암기 없이
저절로 **공부된다!**

!

영어의 핵심은 영어라는 글자나 소리로
그림/이미지를 그리는 것입니다.

    처음에는 하나의 단어에서 그다음 몇 개의 단어로, 그다음 구절로, 그다음 문장으로 이미지를 확대하여 나중에는 한 편의 그림이 자연스럽게 머릿속에 그려지는 것이지요. 필자는 늘 이러한 모국어 방식의 언어 습득법을 체화할 수 있는 책을 만들고 싶었습니다.

    그 결과물이 바로 이 '**거침없이**' 시리즈입니다. 이 책들은 반복해서 그림을 따라가다 보면 어느 순간 자연스럽게 문법 없이, 암기 없이 영어의 구조를 파악하고 이해하는 자신을 발견하게 해드릴 것입니다.

영어를 열망하시는 분들께 작은 도약의 계기가 되기를 바라며
2013년 7월에 저자 **최재봉**

CHAPTER 1

영어 정복의 첫걸음, 원리의 이해

1 영어 정복의 첫걸음, 원리의 이해

 영어 공부를 하는 이유야 사람마다 다 다르겠지만, 적어도 도달하고자 하는 목표점은 같을 거라 생각한다. 즉, **읽자마자 읽는 순서대로 바로 이해하고, 듣자마자 듣는 순서대로 바로 알아듣고, 생각하자마자 생각하는 순서대로 즉시 말이 되어 입에서 나가는 영어**를 얻고자 하는 것 아닌가. 영어 원어민처럼 자유자재로 읽고 듣고 쓰고 말하는 그런 영어 말이다.

우리는 그동안 **'영어완전정복'**을 목표로 한 전투에서 무수히 패배를 경험했다. 중학교, 고등학교, 대학교 10년의 세월을 영어에 바쳤지만, 여전히 영어는 두려움의 대상이고 결코 정복하지 못할 철옹성처럼 느껴진다. 수없이 많은 좌절을 겪은 탓에 이제 영어란 말만 들어도 고개가 숙여지기도 한다. 하지만 대부분의 사람들은 영어와의 싸움에서 패배한 근본 원인을 찾기보다는, 또 다른 신무기를 도입하거나 기발하다고 생각되는 새로운 작전들을 다시 익히는 데 더 많은 노력을 기울여 왔다.

그런 허망한 노력을 언제까지 계속할 것인가. 왜 영어가 안 되는지 모르는 상태에서 어떻게 새로운 학습법을 사용한단 말인가. **(학습법이라고 무조건 사용할 수 있단 말인가.)** 이제는 실패의 근본 원인을 찾아야 할 때가 되었다.

그 동안 우리의 영어교육이 방법론상으로 많은 문제가 있었다는 건 누구나 다 인정하는 사실이다. 대표적으로 비판받는 것이 바로 **'문법 위주의 영어교육'**이었다. 그러나 문법 위주의 영어 학습을 모든 문제의 근원으로 보는 건 결코 정확한 지적이 아니다. 오히려 더 큰 문제점은, 영어를 읽거나 듣고 곧장 이해하는 것이 아니라 우리말로 다시 변환시켜 이해하도록 배웠다는 데 있다. 즉, 영어 문장을 읽을 때 이해를 위해서 독해하는 게 아니라 번역을 위한 독해를 해왔다는 것이다. 이로 인한 폐해는 너무도 심각하고 광범위하다.

필자가 직장에서 겪었던 일이다. 외국 거래처에서 제품을 의뢰하는 장문의 팩스 한 장이 우리 사무실에 전송되어 왔다. 신속한 답변을 요하는 사안이었지만 모두들 일이 많이 밀려 있던 상황이라 신입사원에게 그 일을 맡겼다. 그런데 팩스를 건네준 지 1시간이 지났지만, 그 직원은 여전히 책상에 엎드려 그 팩스를 들여다보고 있는 게 아닌가. 뭘 하기에 그리 오래 걸리는지 궁금해서 그의 어깨 너머로 보니, 참 가관이었다. 영문에 시꺼멓게 밑줄을 치고 동그라미를 그리고, 단어 앞뒤로 화살표 치고, 단어 밑에 우리 말 뜻을 써넣고……. 세상에! 어느 위대한 영어 문장가의 글도 아닌데, 그 직원은 거의 분석과 평가를 하려는 듯 보였다.

영어 문장만 보면 문법적으로 분석하고 우리말로 꼭 옮겨야 직성이 풀리는 습관 때문에 이런 일이 벌어지는 것이다. 번역은 번역가를 위해서 필요한 것이지, 영어를 이해하기 위해 읽는 일반인들과는 아무런 상관도 없는 일임에도 말이다. 말하자면 읽기는 영어로 읽고 이해는 한국어 문장으로 바꿔서 이해하는 식이었던 것이다. 이게 숙달되면 마치 영어를 읽고 바로 이해한 것인 양 착각하는 수준에까지 도달하게 되지만, 이건 단순히 번역이 좀더 빨라진 결과에 불과하다. 이렇게 해서는 결코 영어식 사고나 논리를 익힐 수 없다. 그저 읽기는 좀 될는지 몰라도 듣기, 말하기, 쓰기는 더욱 힘들어진다. **'살아 있는 영어'**를 위해 또 다른 학습이 필요하게 되어 이중 부담을 떠안게 되고 만다.

『깨달음에 이르는 근본적 질문들』

거두절미하고 결론부터 얘기하자. 필자가 **'영어가 뻥 뚫리는 듯한 느낌'**을 받았던 바로 그 순간으로 독자 여러분을 안내하겠다. 마치 앞길을 꽉 막고 있던 어마어마한 장애물이자 거대한 성벽이 일순간에 무너지는 듯한 느낌이 들었던 그 순간으로. 영어 공부를 해오면서, 필자에겐 풀리지 않는 의문 하나가 있었다. 그 의문은 바로 다음과 같은 것이었다. 우리는 커피숍에 갔을 때 **'커피-한 잔'** 달라고 한다. 그런데 영어에서는 왜 **'한 잔 →커피(a cup of coffee)'**라고 하는 걸까? 과일가게에 가서 사과를 살 때도 우리는 **'사과-한 개'** 달라고 하지 **'한 개→사과(an apple)'** 달라고는 하지 않는다. 도대체 왜 그런 걸까?

왜 영어로는 '뱀을-무서워한다'가 아니라 '무서워한다→뱀(afraid of snakes)'일까? 왜 '나는-너를-사랑한다'가 아니라 '나→사랑한다→너 (I love you)'이냔 말이다.

그동안 우리는 영어가 원래 그렇게 생겨먹은 거라 치부해버린 채 그런 것(들)에는 아무런 의문도 품어 보지 않았다. 그리고는 **'문장 구조가 어떻고, 패턴이 어떻고'** 하며 무조건 외워댔다. 그러나 뭔가가 그렇게 된 데는 다 이유가 있게 마련이다. 그게 세상 이치고, 언어 역시 그런 세상의 이치 속에서 나온 것이다. 영어라고 예외이겠는가!

지금부터 하는 얘기는 이 책 전체를 관통하는 핵심으로, 그 골치 아픈 영문법까지도 단번에 해결해주는 원리일 뿐만 아니라 사실상 영어 공부의 알파요, 오메가다. 이걸 제대로 깨우치는 순간 **'영어 세상'**이 달라 보일 것이다.

그 핵심은 다음과 같다.

주어
영어는 화살처럼
주어에서 출발하여

동작

철저하게 주어에서
가까운 순서대로
말을 늘어놓는다.

그것은 나에게 있어서
하나의 커다란 깨달음이 되었다.

대상

영어라는 언어는 철저히, 절대적으로, 단 하나의 예외도 없이, 완벽히, 결단코 '나(주어)'를 중심으로 순서대로 확장되는 구조를 가지고 있다.

영어는 '나(주어)'의 시선으로부터 하나하나 단계적으로 확장되는 구조로 표현된다. 마치 셀프 카메라를 움직여 렌즈에 들어오는 피사체를 순서대로 말하기라도 하는 듯이 서술되는 것이다.

주어, 즉 기준이 되는 주체로부터 물리적으로 가까운 것으로부터 먼 순서대로, 철저히 논리적 단계를 밟아가며 한 단어 한 단어가 배열되어 나아간다.

동사가 겹쳐서 올 때도 무조건 순서대로 선행동작이 먼저 온다.

　이것이 영어라는 언어가 가지고 있는 어순구조이며, 우리말과 결정적으로 다른 점이다.

　이 단순명쾌한 이치를 제대로 깨우치지 못한 탓에, 많은 사람들이 비비 꼬인 온갖 이상한 영어 학습법으로 생고생을 하고 있다. 이제부터 주어 중심으로 확장되는 영미인의 어순감각이 얼마나 중대한 의미를 갖는지 그 비밀을 차근차근 풀어 보이겠다.

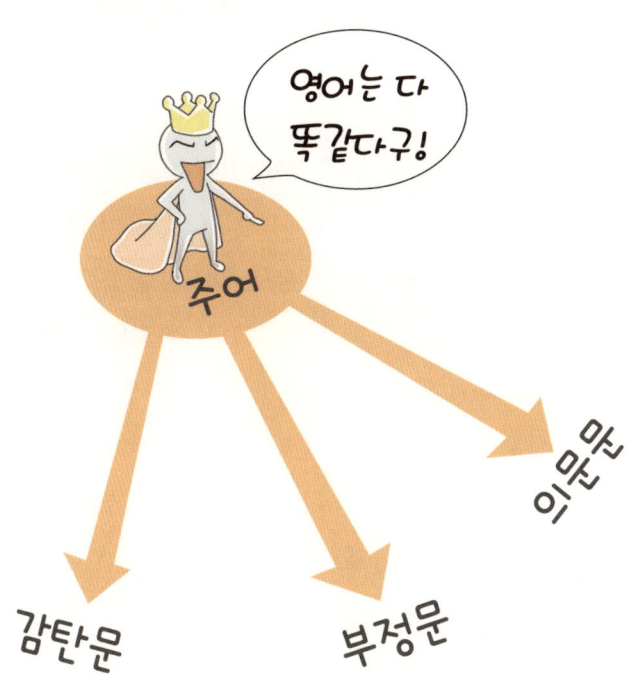

『우리말과 영어의 어순은 왜 다를 수밖에 없는가』

∨ 탐은 메리를 사랑한다
∨ 탐은 사랑한다 메리를
∨ 메리를 사랑한다 탐은
∨ 메리를 탐은 사랑한다
∨ 사랑한다 탐은 메리를
∨ 사랑한다 메리를 탐은

위 예문에서 보듯, 우리말은 주어, 목적어, 동사 등의 위치를 마구 바꾸어도 이해에 전혀 지장이 없다. '은/는/이/가/을/를' 따위의 조사가 해당 단어의 위치와 쓰임새를 밝혀주기 때문이다. 그러나 영어에는 'Tom loves Mary(탐 사랑한다 메리)'처럼 '은/는/이/가/을/를'과 같은 조사가 없다. 왜 없을까? 필요가 없기 때문이다. 그럼, 왜 필요가 없을까? 답은 이렇다. 어떤 말을 하기 위해 일단 주어가 정해지면 그 다음에 이어지는 단어들은 나름으로 순서가 이미 다 정해져 있기 때문이다. 그러니 거기에 동원된 각 단어의 쓰임새를 알려주는 조사가 따로 있을 필요가 없는 것이다. 이를테면, 우리말처럼 '을/를'과 같은 조사로써 밝혀주지 않아도 주어에 상대되어 놓인 위치만으로도 한 문장 속의 특정 단어가 목적어의 역할을 한다는 것을 자동적으로 알 수 있다는 얘기다. 이제 위 우리말 예문에서 조사들을 빼고 그에 상응하는 영어 단어를 나열해 보자.

조사를 뺀 우리말	우리말에 상응하는 영어단어 나열
탐 메리 사랑한다	Tom mary loves
탐 사랑한다 메리	Tom loves mary
메리 사랑한다 탐	mary loves Tom
메리 탐 사랑한다	mary Tom loves
사랑한다 탐 메리	loves Tom mary
사랑한다 메리 탐	loves mary Tom

우리말 문장들은 아예 원뜻이 사라지고 무슨 말인지도 알 수 없게 되었죠??

당연지사! 조사의 역할은 우리말 문장에는 없어서는 안 될 감초라구!

우리말 문장에서 조사의 역할을 확연히 알 수 있을 것이다. 그런데 영어 문장은 단지 단어의 순서만 다른데도 어떤 건 완전히 다른 뜻으로 변해 버리고 또 어떤 건 아예 말이 성립되지 않는 비문(非文)이 되고 말았다. 이렇게 영어에서는 단어가 놓인 위치, 순서가 결정적으로 중요하다.

　영어에서는 말이든 글이든 일단 주어가 먼저 온다. 그 뒤는 주어, **즉 기준이 되는 주체로부터 보이는 순서대로, 사건이 전개되는 순서대로, 생각의 범위가 넓어지는 순서대로 나열되므로 따로 해당 단어의 쓰임새를 밝혀 자리매김해주는 '은/는/이/가/을/를'과 같은 조사가 필요 없는 것**이다. 이처럼 영어는 우리말과 달리 주어가 가장 먼저 나오고, 그 뒤 나머지 단어는 주어에 상대되는 위치만으로도 의미 전달이 100% 가능한 언어다.

자, 그렇다면 도대체 그 **'순서대로'**라는 게 무얼 의미하는 걸까? 순서라는 게 사람마다 생각하기 나름 아닌가? 그 제멋대로일 수 있는 순서를 어떻게 딱 하나의 원리로 규정할 수 있단 말인가? 그러나 여기엔 명확한 원칙이 있기 때문에 그 이치만 이해하면 전혀 헷갈릴 이유가 없다. 이제 그 지극히 상식적이고 합리적인 영어의 법칙(원리)들을 만나보도록 하자.

『영어의 원리 1 – 주어와 가까운 것부터』

영어에선 왜 관사가 명사 앞에 나올까? 복잡하게 따질 것 없이 그냥 상식적으로 생각해보자.

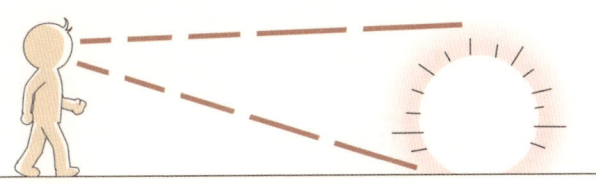

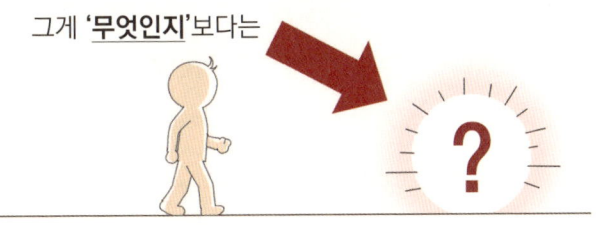

'한 개인지 두 개인지 (단수인지 복수인지)' 혹은 내가 '이미 알고 있던 것인지 아닌지'일 것이다.

'얼핏 보니 그게 무엇인지는 잘 모르겠지만 **'한 개'**인 건 알겠다. 그런데 조금 더 가까이 보니 아하 **'사과'**로군,' 이렇게 되는 것이다. 그래서 순서가 an이 먼저고 그 뒤로 apple이 오는 것이다.

자, a cup of coffee의 경우도 마찬가지다. 먼저 보이는 것, 먼저 파악되는 것은 **'하나'**라는 것이다. 그런데 더 가까이 가보니 **'컵'**이다. 그리고 나서 컵 속의 내용물을 들여다보니 **'커피'**인 것이다. **'커피가 담긴 컵'**이란 것을 우리말에서처럼 이미 직관적으로 다 꿰뚫어 알고 얘기하는 방식이 아니라, 철저히 논리적으로 파악되는 순서대로 얘기하는 방식인 것이다. 그게 a cup이 먼저 나오고 coffee가 그 다음에 놓이는 이유이다.('of'는 뒤에 따로 설명할 터이니, 여기선 **'컵'**과 **'커피'**의 순서에만 주목하시라.)

a cup of coffee의 경우도 = 마찬가지

먼저 보이는 것,
먼저 파악되는 것은

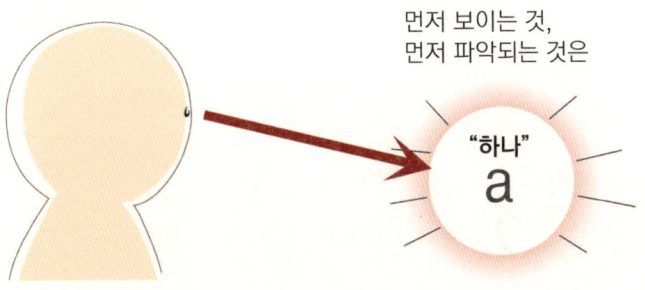

좀 더 가까이 가보니

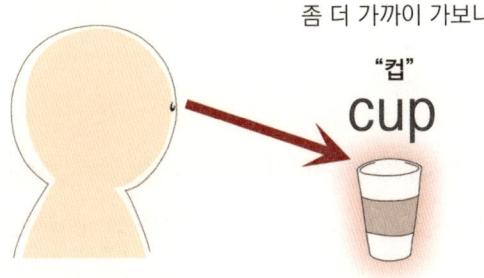

더 가까이 가서
내용물을 들여다보니

호칭의 경우도 그렇다. 우리는 '**김씨, 김양, 김군**' 하는데, 영어에선 '**Mr. Kim, Miss Kim**' 이라 하지 않는가. 왜 영어에서는 양, 씨, 군 따위를 의미하는 Mr.나 Miss가 먼저 오는 것(와서 '**씨 김**', '**양 김**' 이 되는 것) 일까? 이것도 역시 주어가 보기에 먼저 파악되는 사항부터('아가씨' 인지 '아저씨' 인지) 말하기 때문이다.

일반적으로 사람을 보자마자 먼저 알 수 있는 것은 성인 여성인지, 남성인지의 여부이고, 그 다음 단계가 그 사람의 구체적인 성이나 이름인 것이다.

우리는 **'세종대왕'**이라고 하고 **'박근혜 대통령'**이라고 하지만, 영어에선 **'King 세종' 'President 박근혜'**라고 하는 것도 같은 이유이다.

시간의 경우도 그렇다. 우리는 **'오전 10시, 오후 5시'**라고 하는데, 영어에선 **'10 a.m., 5 p.m.'**이라고 한다. 시계를 보면 오전, 오후라고 표시되어 있지 않을 뿐만 아니라 대화의 주체에게 중요한 것은 오전, 오후가 아니라 시간이다. 그래서 그것을 먼저 말하고 나서 필요할 경우 오전인지 오후인지를 밝히는 것이다. 이렇듯 영어는 무조건 주어가 먼저 파악하는 것부터 등장한다. 따라서 주어에서 가까운 것부터 단어를 배열하면 되는 것이다.

주소의 표기만큼 이런 원리를 극명하게 보여주는 것도 없을 것이다.

주소: No. 301 Hansu Villa, 235-20, Poi-Dong, Gangnam-Gu, Seoul, Korea

'**대한민국 서울 강남구 포이동 235-20 한수빌라 301호**'가 아니다.

단순히 거꾸로 나열되어 있는 게 아니라, 집 거주자인 '**나**'로부터 보다 가까운 순서대로 나열이 되는 방식이다.

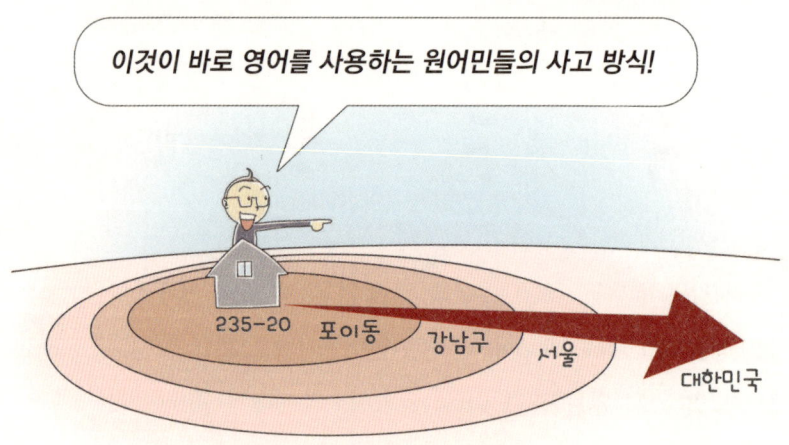

영어는 철저하게 주어로부터 시작해서 주어와 가까운 순서대로 나아가는 언어다. 사물과 동작도 있는 순서대로, 보이는 순서대로 표현한다. 이 원칙에서 단 한치도 벗어나지 않는 게 영어다.

고발성 시사프로그램을 만드는 카메라맨이 어깨에 카메라를 메고서 고발할 목표물을 찍으려 쫓아가는 상황을 상상해보자. 지금 내가 카메라를 들고 현장을 쫓아 뛰고 있다면 뭐가 카메라에 잡힐지 나도 모를 것이다. 그저 나는 카메라를 들고 따라 뛸 뿐이다. 한 단어 한 단어 카메라에 잡히는 대로 순서대로 설명할 수밖에 없지 않겠는가. 이게 바로 영어의 느낌이다.

우리말 사고
(전 체)   우리말이 전체를 보여주는 한 장의 사진이라면

vs

영어의 사고
(부분과 순서)   영어는 움직임을 따라 순서대로 보여주는 동영상과 같다.

'**전체의 한 부분**'임을 나타내는 **of**를 사용한 표현은 이런 영어의 특성을 참 잘 보여준다. 예를 들어, 나뭇잎을 하나 딴다고 해보자. 주어의 입장에서 나무 전체가 가까운가, 아니면 따는 나뭇잎 하나가 가까운가? 영어는 언제나 내가 따는 나뭇잎 하나가 먼저 오고, 그 나뭇잎이 어느 나무에 속하는지 설명이 뒤따른다.

I pick a leaf of the tree.

우리말 번역사고	영어식 사고
"나는 나뭇잎 하나를 딴다."	"내가 따는데 그 대상이 하나의 잎이고 그 잎의 소속은 나무"

"나는 나무의 잎 하나를 딴다"가 아니라, 내가 따는데 그 대상이 하나의 잎이고 그게 어디에 소속(관련)되어 있는지 보니까 나무인 것이다.

'나→따다→한 잎→밀접한 관련이 있는 것은(of)→나무', 이렇게 단어가 전개되는 것이다. 이렇게 이해해야만 뒷말을 기다리다 나온 다음에야 (뒷말을 기다렸다가 뒤에서부터 앞으로 거슬러 올라옴으로써) 비로소 내용이 파악되는 **'거꾸로 해석법'**을 극복할 수 있다.

He met one of his classmates.

그가	만난건	먼저 어떤 '한 사람'	그리고 그 사람이 속해 있는 것이		그의 반 친구들
He	met	one	of	his	classmates.

이 경우도, **"그는 그의 반 친구들 중 한 사람을 만났다"**가 아니다. 그가 만난 건 어떤 **"한 사람"**이다. 그리고 그 사람이 **"그의 반 친구들"**이란 그룹에 속해 있는 것이다.

The pine tree stands on the top of a high mountain.

한 단어씩 차례대로 나아가보자. **소나무→서 있다→면으로 접하고 있는 것은(on)→꼭대기→속한 곳은(of)→높은 산**. 철저한 주어로부터의 확장 구조이다. 소나무가 있다. 그 소나무는 서 있다. 위치는 꼭대기. 어디의 꼭대기인가? 바로 높은 산의 꼭대기이다.

그림을 그려가는 것으로 치자면 일단 소나무가 보이고, 그 소나무가 서 있는 위치를 확인하고, 그 다음에 그 위치가 정상에 속하며, 그 정상이 높은 산에 속하는 것으로 된다. 철저히 주어인 나무로부터 확장되어 나가면서 그 접점을 보고, 그 다음에 주위 장소, 그리고 그 주위 장소가 포함된 전체를 조망하게 되는 그림이다.

『영어의 원리 2 - 물리적, 논리적 이동 순서대로』

A key to the door

"**문 여는 열쇠**"라? 자! 가만히 한번 살펴보자. '**문→열쇠**'의 순서로 이해하는 게 맞겠는가, 아니면 단어가 배열된 순서대로 '**열쇠→문**'으로 이해하는 게 맞겠는가? 영어는 **a key to the door**, 즉 먼저 나와 있는 단어인 '**열쇠**'의 의미부터 받아들이고 그 다음 '**문**'으로 가게 되어 있다. 그리고 이건 누가 보더라도 정확히 사물이 움직이는 모양을 물리적 순서대로 늘어놓은 형태다. 아래 그림을 보자.

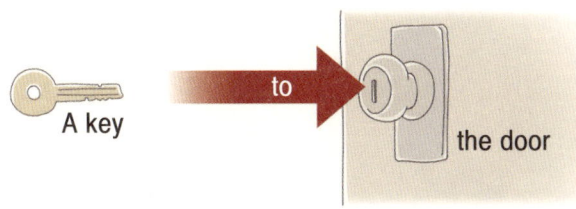

한 열쇠(a key)가 어떤 방향으로 죽 나아가고(to) 그 도달점이 문(the door)이다. 그림에서 힘이 나가는 순서와 영어 구문의 순서가 기막히게 일치하지 않은가. 이것이 바로 영미인의 사고체계이며, 단어의 배열 역시 그런 사고체계를 따르는 것이다.

Slide to open

미국의 슈퍼마켓에 가보면 대형 냉장고 문에 이렇게 적혀 있을 것이다. 자, 독자 여러분은 이걸 어떻게 해석하시겠는가?

① 열기 위해 미세요.
② 밀어서 여세요.

어떤 게 맞는 해석일까? 같은 얘기니, 둘 다 맞다? 천만의 말씀이다. 그건 영미인들의 사고방식, 즉 동작이든 뭐든 철저히 논리적인 순서와 단계를 밟으며 직선적으로 나아가는 사고를 이해하지 못한 증거다. 생각이 그런 순서대로 이어지기 때문에 그런 순서대로 말을 하게 된 것이 어순이다. 물리적 힘과 운동의 원리로 볼 때도 냉장고 문에 힘을 가해 밀어야 그 결과 열리는 것 아닌가. 따라서 '**밀어서→여세요**'가 맞다. 여기서 ①의 경우엔 to 부정사가 어쩌니 목적격이 저쩌니 하며 문법 사항을 떠올렸겠지만, 그렇게 골치 아픈 문법을 끄집어낼 하등의 이유가 없다. 그냥 상식적인 논리면 다 해결된다. 미는 동작과 열리는 동작 사이에 to가 있는 건 민다고 바로 열리는 게 아니기 때문이다. 어느 정도 밀어야 손을 집어넣어 물건을 꺼낼 만큼 열린다. 그 간격이 바로 to인 것이다. 이렇게 to의 기본 개념은 '어떤 방향을 가진 화살표(→)' 정도로 이해해두면 된다.

Transfer to line 1

지하철에서 흔히 보게 되는 문구다. 이것도 "**1호선 갈아타는 곳**"이라고 하면 안 된다. 이해는 단어가 나온 순서대로 따라가며 이뤄져야 한다. 갈아타기란 몸을 옮겨서 타는 것 아닌가. 몸을 옮겨서(**transfer**) 일정 방향으로(**to**) 쭉 따라가 보면 선(**line**)을 만나게 되는데, 그 번호가 '**1**'(**number 1**)이 된다는 얘기다.

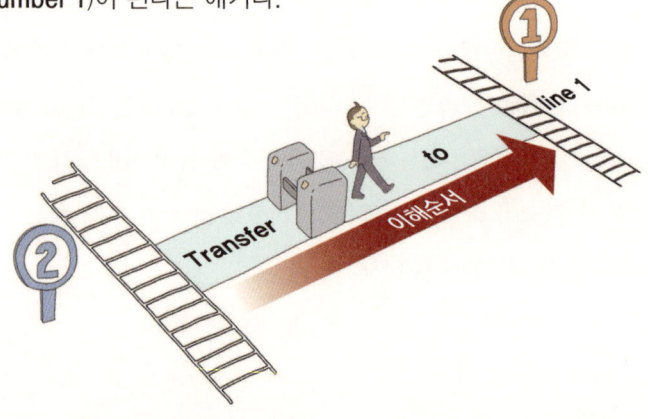

'Way out' 같은 표지판의 경우도 그냥 '**나가는 곳**' 또는 '**출구**'라고 외우지 말고, 순차적으로 확장되어 나가는 영어의 어순감각을 살려서 이해해 보시라. "**길을 따라가다 보면 결국 밖이다**"는 의미다. 이 얼마나 단순명쾌한가.

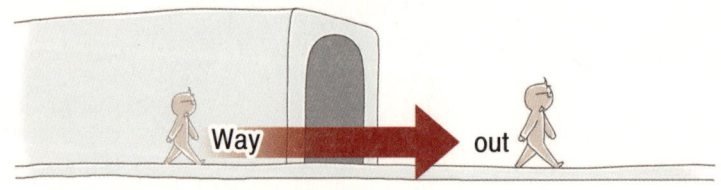

SALE 50%와 50% OFF

어떤 말이 맞는 것 같은가? 앞의 말을 선택한 독자는 역시 평범한 한국 사람이다. 다들 그렇게 사용하니까. 그러나 **SALE 50%**는 틀린 말이다. "**팔다→50%**"? 50%라는 걸 판다? 이게 무슨 말이 되는가? 그게 아니다. **50% OFF**가 맞다. **off**란 말의 기본 개념은 '**무엇으로부터 떨어져 나오다**'이다. 자, '**50%→떨어져 나오다**'의 어순을 따라가 보자. 50%가 떨어져 나왔는데, 무엇으로부터? 원래의 가격 **100%**로부터. 이렇게 되는 것이다. 뒤의 '**원가 100%**'는 말하지 않아도 알 수 있는 것이기에 생략됐을 뿐이다. 철저히 단어가 배열된 순서대로 이해되지 않는가.

Sections to be opened

지하철 안내 지도를 보면 특정 지하철 구간을 표시하고는 '**미개통 구간**'이라고 표시되어 있다. 그런데 함께 표기된 영어로는 '**Sections to be opened**'라고 되어 있다. 왜 이런 차이가 생길까? 우리는 아직 개통이 안 됐다는 사실이 중요할지 모르나, 영어에서는 근본 태생의 법칙에 따라 어쩔 수 없이 주어 먼저 말하고 나서 그 다음 순차적으로 설명이 따르게 된다. 주어는 바로 그 '**구간**'이다. 그러고 나서 설명이 따른다. 앞으로 죽 나아가 미치게 되는 일을 나타내는 **to**(나중에 전치사에서 자세히 익히자.)를 사용하고 그 일어날 일이 '열리다'가 되는 것이다. 그래서 '**구간들→앞으로 나아가 일어날 일은→이다→열리다**'가 된다.

Push up

　운동 용어 하나도 모두 물리적 운동 순서대로 표현된다. 우리는 **'팔굽혀펴기'**라고 하지만 영어는 주어에서부터 시작되는 동작 자체를 순서대로 나열하면 된다. 팔굽혀펴기는 어떻게 하는가? 일단 손으로 민다. 그러고 나면 상체가 위로 올라간다. 그래서 **'밀다→위로'** 라고 표현하여 **push up**이 된다.

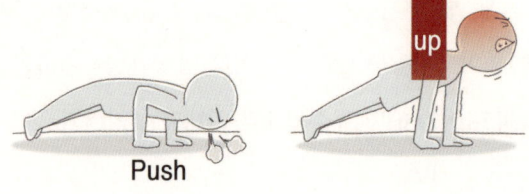

drop 50

　주식시장에서 주가지수가 어제까지는 900이다가 오늘 850으로 하락했다고 하자.
　주가지수가 50만큼 떨어진 것이다. 이는 **"drop 50"**인데, **'떨어지다→50'**의 어순을 보인다. 어순이 아무런 이유 없이 그렇게 되어 있는 게 아니다. 즉, 어떤 눈금이 툭 떨어져 내렸는데 보니까 그게 50만큼이더라는 얘기다. 철저히 어순 그대로의 이해인 것이다. 이걸 **"50(만큼)→떨어지다"**로 받아들이는 건 영미인들의 사고와는 정반대로 이해하는 게 된다. 별 차이 없는 사소한 문제 같지만, 바로 이런 부분에서부터 영어식 사고가 망가지는 것이다.

『영어의 원리 3 - 영어는 동영상이다!』

'영어 원어민들이 생각하는 방식대로 생각하기'를 통해 대강 영어에 대한 감을 잡았다면, 이제 실제로 그 방식대로 자신이 생각하고 표현하는 게 가능한지 검증해 볼 필요가 있다. 이 검증 과정은 원어민 사고방식대로 사고하는 훈련, 즉 그들이 단어를 배열하는 방식을 몸에 익히는 연습이기도 하다. "이게 원어민의 언어사고법이니 무조건 외워라, 받아들여라" 한다고 그게 내 것이 되는 건 아니다. 그런데 다행스럽게도 그걸 내 것으로 만드는 획기적인 방법이 있다. 이것은 영어 단어가 배열된 순서대로 직선적 이해를 해나갈 때 우리가 한국어의 언어구조에 익숙한 나머지 느끼게 되는 어색함을 쉽게 떨쳐버릴 수 있도록 해주는 방법이기도 하다. 그게 무엇이냐? 언어란 그에 상응하는 이미지가 있게 마련이다. 그리고 그 이미지를 빨리 떠올리는 것이 언어를 잘 하는 비결이기도 하다. 그런데 앞에서 배웠듯이 그 그림들이 차례차례 순서대로, 또 일정한 방향으로 놓여 있다면 어떻게 느끼겠는가? **'아하!'** 하고 무릎이 탁 쳐지지 않겠는가?

그렇다. 바로 일련의 그림들이 차례차례 이어지면서 움직이는 '**동영상**'을 만들어내는 것이다. 그 동영상은 영어의 어순대로 주어에서 가까운 순서대로 차츰 넓은 범위로 확장되어 나가는 방식이다. 동영상에 비유했지만 그것은 사실 우리가 사물을 물리적으로 인식하는 방식에 다름 아니다. 영어 어순은 바로 영미인의 세계에 대한 물리적 인식 그 자체이다.

그러니 이제 우리는 '**주어+동사+목적어**' 하면서 억지로 문법을 외울 필요 없이 그냥 한 편의 영상을 만들어간다는 생각으로 영어 단어를 나열하면 되는 것이고, 해석할 때도 나오는 단어 순서대로 차례차례 한 편의 동영상을 그려 가면 되는 것이다.

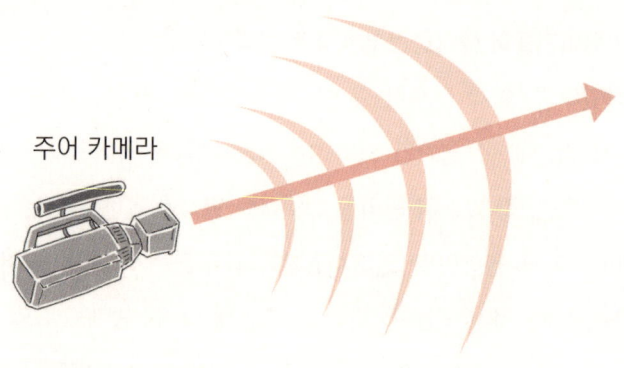

주어 카메라

자, 이제 영어식 사고니 뭐니 하는 골치 아픈 소리는 잠시 잊고 캠코더나 디지털 카메라, 혹은 동영상 지원 휴대폰을 손에 들어보자. 아무것도 없으면 그냥 두 손으로 눈앞에 사각형 프레임을 만드는 것으로도 충분하다.

우선 주인공을 하나 정해서 그것에 초점을 맞춰라. 그런 다음 그 주인공으로부터 천천히 주변으로 화면을 옮겨 보라. 컷!

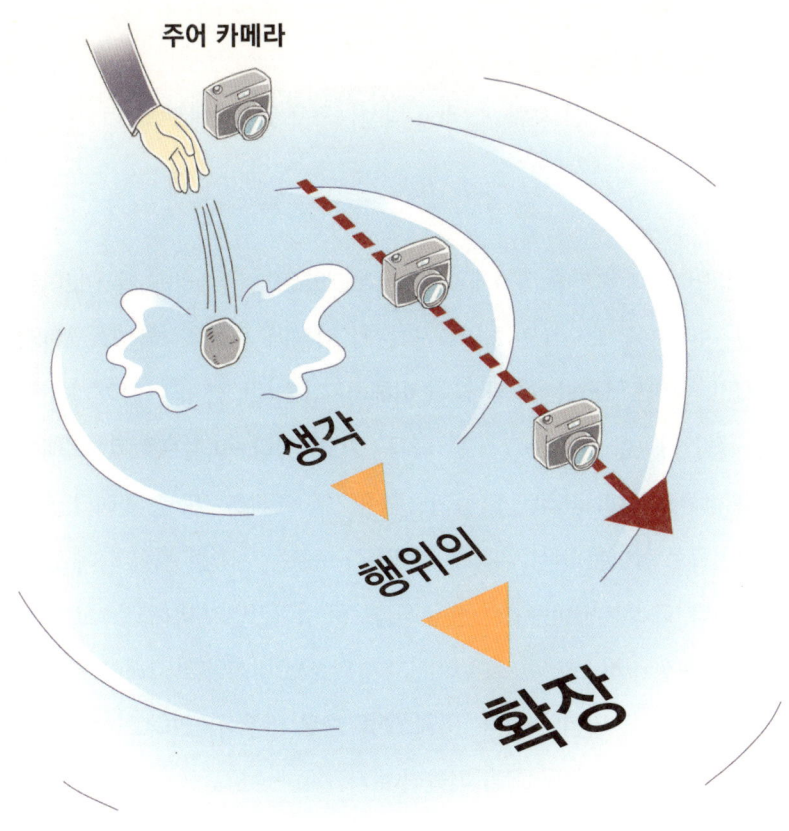

우리는 막 짤막한 동영상 하나를 만들었다. 그리고 그와 동시에 중요한 원리를 발견했다. 사실 그 동영상이 곧 영어 문장이고, 카메라워크가 곧 영어식 사고라는 점이다. 예문을 통해 직접 확인해보자.

Tom took a shower before going out.

① 외출하기 전에 탐은 샤워를 했다.
② 탐→잡았다→한 샤워→그리고 나서→가고 있다→바깥으로.

촬영인데, 예문이 좀 야하게 느껴질 수도 있겠다. 카메라에 뭐가 보이든 그건 여러분이 모자이크 처리를 하든지 나중에 편집을 하든지 알아서 하시길. 아마도 대개는 ①과 같이 이해하고 해석할 것이다. 아마 ②처럼 **'탐→잡았다→한 샤워→그리고 나서→가고 있다→바깥으로'**로 이해해 나갈 경우, 의미가 머리에 잘 들어오지 않거나 어색하기도 할 것이다. 왜? 한국인으로 살아온 이상 우리의 언어논리 구조는 ①처럼 세팅 되어 있기 때문이다. 그러나 영어는 ②처럼 일직선으로 나아가면서 이해되고 그 순서 그대로 흡수되어야 한다. 그것이 원어민의 사고방식이고 그래야 듣기나 쓰기를 할 때도 막힘이 없다. 이제 ①을 ②로 바꾸어놓았다고 생각하지 말고 그냥 순서대로 동영상을 떠올려 보자.

② 원어민 사고 Movie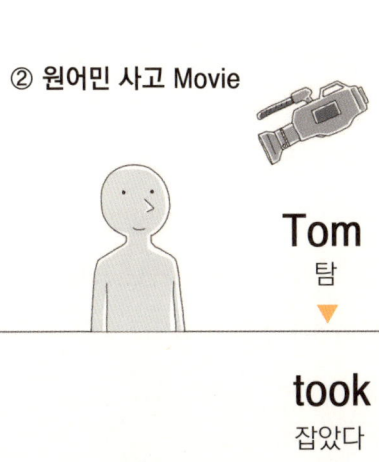

Tom
탐

탐이라는 주어의 동작이

took
잡았다

손을 내밀어 '**잡았다**'이고 그동작에 걸리는 대상이 '**한 샤워**'이고

a shower
한 샤워

(샤워를 하나의 물건처럼 취급함)

before
그러고나서

그런 뒤에

going
가다

"~ 간다"는 동작이 이어진다.

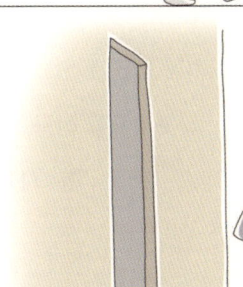 

out
바깥

그 동작으로 인한 결과가 "**밖**"이 되는 것이다.

"**탐**"이라는 주어의 동작이 손을 내밀어 "**잡았다**"이고, 그 동작에 걸리는 대상이 "**한 샤워**"이고(샤워를 하나의 물건처럼 취급했다), "**그런 뒤에**" "**몸을 움직여 간다**"는 동작이 이어진다. 그 동작으로 인한 결과가 "**밖**"이 되는 것이다.(before를 '**~하기 전에**'가 아니라 '**그리고 나서**'로 해석한 이유는 뒤에 전치사편에서 설명하겠다.) 이렇게 말로 설명하자니, 한국어의 구조로는 영어식 사고인 '**주어에서부터 자연스럽게 확장하는 방식**'이 절대 지원될 수 없기 때문에 매우 힘들고 난삽해 보인다. 그러나 머릿속에 움직이는 그림을 순서대로 그려보았다면 영어 단어들이 매우 논리적인 순서로 놓여 있다는 점을 알아챘을 것이다.

이번엔 조금 다른 종류의 동영상을 찍어 보도록 하자. 친구들 몇이서 과수원에 놀러 갔는데, 메리가 어디 갔는지 보이지 않는다. 이리저리 한참을 찾다 보니 저기 언덕 위의 사과나무 가지 아래 누워 팔자 좋게 자고 있는 게 아닌가. 자, 메리가 사과나무 가지 아래서 자고 있다. 이걸 영어로 말해보자. 편안하게 머릿속에다 움직이는 그림을 그린다고 생각하든, 아니면 비디오카메라로 메리를 찍는다고 생각하든 상관없다. 아무튼 메리를 중심으로 시선을 떼지 말고 그의 동작과 영역을 확장시켜 나가보자.

일단 주어는 '**메리**'이고, 메리라는 존재가 '**있다**', 그런데 어떻게 있느냐? '**자고 있다**'. 그 주변을 보니 '**위에**' 뭔가가 있네. 아하, '**나뭇가지들**'이군. 그 가지들을 따라가 보니 무엇과 관련 있는 것들이냐? 바로 '**한 사과나무**'구나.

자, 이 순서대로 우리말을 나열해보자. **메리→이다→자고 있다→위에→가지들→밀접한 관련이 있는 것은→한 사과나무.** 여기서 아직 설명하지 않은 below와 of가 사용된다는 것을 미리 알려드렸다고 하자. **메리→이다→자고 있다→below→가지들→of→한 사과나무.** 이제 단어만 바꿔놓으면 그냥 완전한 영어 문장이 된다. 메리가 자고 있는 장면을 생각하면서 문장을 만들어 보자.

Mary is sleeping below the branches of an apple tree.

이런 식으로 영어 문장의 동사 하나 전치사 하나까지 자세히 뜯어보라. 신기하게도 그 단어 하나하나는 마치 우리가 비디오테이프를 슬로우 모션으로 볼 때처럼 동작이 이어지고 영역이 확대되는 모습을 순차적으로 보여준다. 오로지 주어로부터 논리적으로 한 단계 한 단계 확장되는 영어의 특성 때문에 가능한 것이다. 신(神)처럼 모든 걸 직관적으로 다 알고 있는 듯 구사되는 우리말의 방식으로는 결코 이해할 수 없다. 특별한 상상력이나 창의력이 필요한 방법이 아니다. 이미 한국어를 사용해옴으로써 획득한 인지 능력과 학습 능력만 있으면 가능하다.

이게 뭐하자는 얘긴지 아직 이해되지 않는 분들도 있을 것이다. 하지만 조급해 할 것 없다. 이번엔 신문이나 잡지의 사진 기사를 보조교재로 활용해 훈련해보겠다. 이 사진 캡션 활용법에 익숙해지면 나중엔 사진이 없이도 자연스럽게 언어(영어)를 영상화하는 방법을 터득하게 될 것이다.

사진기사 활용법

A South Korea player fights with a player for the ball during their international friendly football match at Sangam World Cup stadium in Seoul, South Korea.

일단 먼저 예전에 해오던 대로 해석을 한번 해보자. 아마도 대충 이런 식으로 해석할 것이다.

"남한의 서울에 있는 상암 월드컵 경기장에서 열린 그들의 국제 친선 축구경기 동안에 남한 선수가 한 선수와 함께 골을 목표로 싸우고 있다."

이번엔 사진에다 대고 문장의 구성을 그려가 보자.
대충의 얼개는 이렇다. 즉,

A South Korea player

'남한 선수'가 나오고, 그다음에 '싸우다'라는 단어가 나오고, with가 나오고,

'한 선수'가 나오고, 그런 다음 for가 나온다. 뒤따라 '공'이 나오고 나서

'during'이 나오고, 국제친선 축구경기가 나오고

그리고 나서 'at'이 나오고, '상암 월드컵 경기장'이 나오고, 'in'이 나오고, '서울'이 나오고 다음에 '남한'이 나온다.

영어의 원리에 따라 주어에서부터 순서대로 그림을 그리며 이해하면 먼저, 주어(주인공)인 태극전사가 보인다.

남한 선수가 어떻게 하고 있는가? **figths** 열심히 싸우고 있다. 싸우면 항상 **'함께하는 대상~'**이 있다.

'**with**'다.
with를 '**~와 함께**'라고 거꾸로 이해하지 마시라. **with**가 나오고 그 다음에 순서대로 선수가 나왔다. 우리나라 선수가 싸우는데 함께하는 대상은 한 선수다.

그런데 목표로 하는 뭔가가 있는 것 같다. **for**, 축구장에서 뛰는 선수들의 목표는 바로 **'공'** the ball이다.

순서대로 중간 정리를 해보면

A South Korea player	→	fights	→	with	→	a player	→	for	→	the ball
남한 선수		싸우다		함께 하는 것은		한 선수		목표는		공

앞에 볼을 다투는 내용과 함께 그때 벌어진 일이 무엇인가? 이게 바로 **during**에 해당하는 부분이다. '**~하는 동안에**'가 아니라 '**이때 진행되고 있는 일~**'은 이다

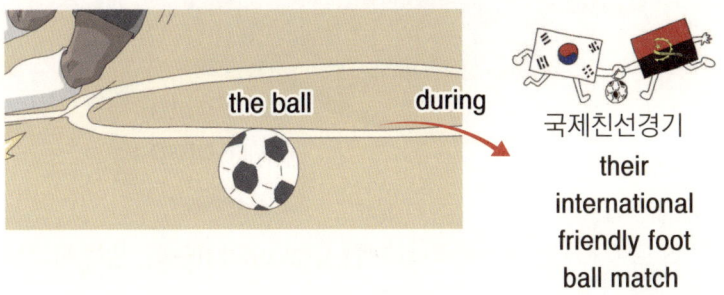

주위를 둘러보면 한참 진행되는 일은 바로 **국제친선 축구경기**다.

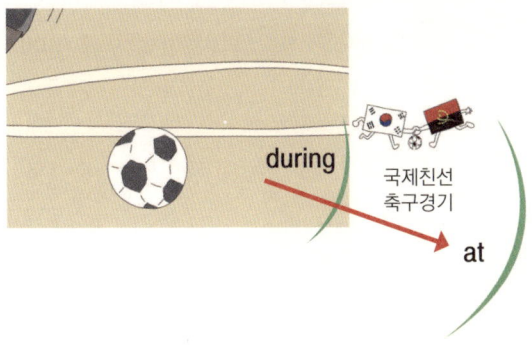

축구경기에서 밖으로 확장해 가면 어떨까? 당연히 이 경기가 열린 위치, 장소가 **at** 다음에 나오게 된다.

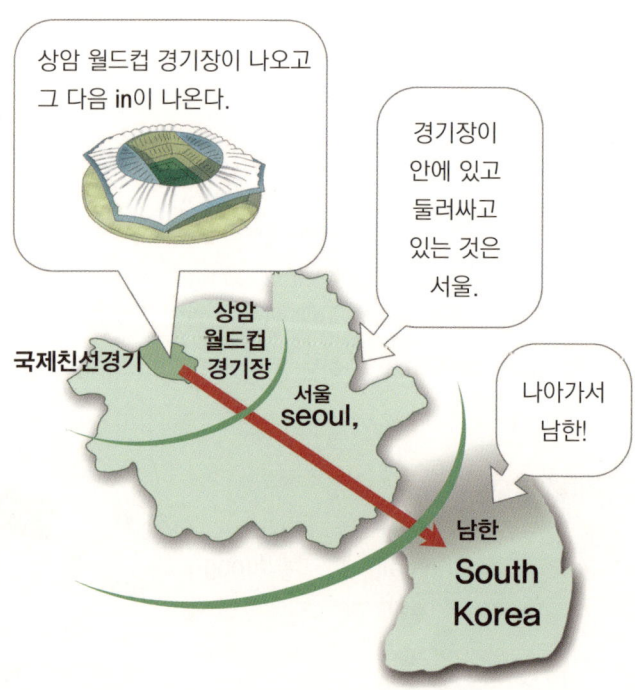

전체적으로 이해되는 순서를 다시 한번 눈여겨보기 바란다. 왼쪽 박지성 선수에서부터 오른쪽으로 차근차근 확장되면서 순서대로 말이 만들어지는 것을 발견했는가? 아래 사진에 표시된 화살표를 따라가 보면, 주어로부터 순차적으로 확장되어가는 영어 어순의 개념을 확실히 이해할 수 있을 것이다.

필자가 손을 내밀어 독자와 악수를 한다고 가정해 보자. 예전의 당신은 어떻게 영어 문장을 만들었는지 잘 생각해 보라. 먼저 우리말로 **'여러분과 나는 악수를 한다'**라고 만들고, 그리고 영어 단어로 바꾸고, 그 다음에 이리저리 순서를 꿰어 맞춰서 'I shake hands with you.'라고 했을 것이다. 하지만 그림과 함께 주어에서부터 가까운 순서대로'라는 영어식 사고만 적용하면 쉽게 만들 수 있다. 또한 이 책에는 당신의 영어식 사고를 만들어 주기 위해 그림과 동선 그리고 화살표 등의 도우미들이 있다.

아래의 그림을 보면 선수들이 악수를 하는 장면이 나온다.

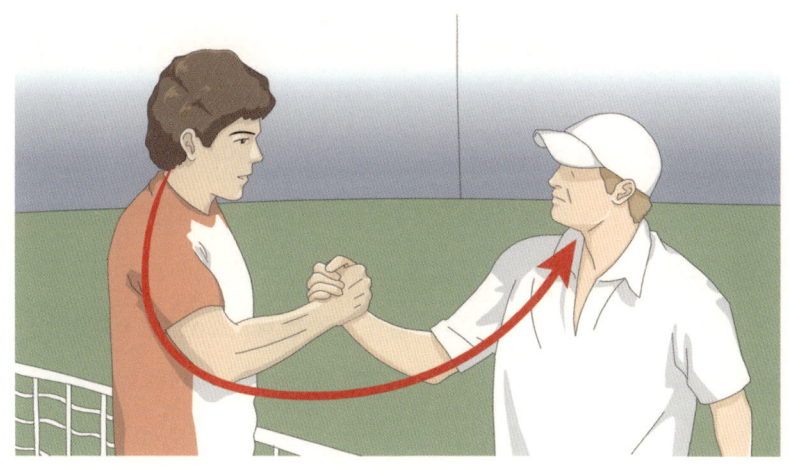

자, 그러면 그림 위에다 주어에서부터 순서대로 글자를 입혀 보자.

단어만 알면 거침없이 영어되는 비법 책

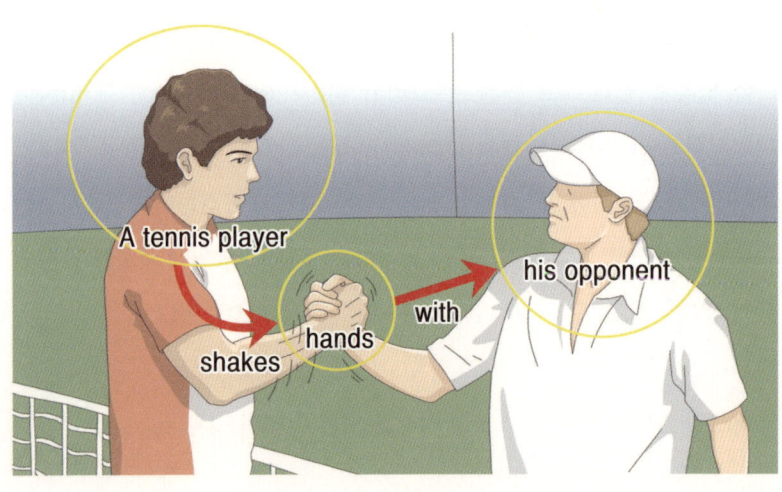

　한 테니스 선수가 주어다. 주어에서 가장 가까운 것은 무엇일까? 주어의 행동이다. 흔들고 있다. 흔드는 것은 무엇일까? 손들이다. (자기 손 포함) 그리고 함께하는 것은 상대팀 선수다. 한 테니스 선수에서 나오는 빨간 선이 상대팀 선수를 만나서 끝나는 그 순서대로 단어를 하나씩 배열하여 말하면 문법에 영향을 받지 않는 자유로운 영어 말하기이다.

　자 다시 한번 그림을 보고 말해 보자. 반드시 입으로 소리내서 말해 보시기 바란다. 초보라 영어 단어를 잘 모르면 **한 테니스 선수 → 흔들다 → 손들 → with → 상대선수** 이렇게 말해도 된다. 일단 주어에서 순서대로 단어를 나열하고 **with**를 뒤집어서 해석하는 것이 아니라 순서대로 바르게 사고하시는 것이 중요하니까.

　　A tennis player → shakes → hands → with → his opponent

다시 한번 강조하면 위의 문장을 '**해석**'해서 의미를 이해하는 것은 중요하지 않다. 주어인 한 테니스 선수 다음에 오는 말이 주어의 행동인 '**흔들다**'고, 그 행동이 닿은 대상이 '**손들**'이며 확장해서 가면 '**함께하는 것은**' '**상대 선수**'구나 하는 사고의 흐름이 가장 중요하다. 영어 실력이 있든 없든 시작점은 같다. 반드시 사고의 흐름을 새로 그리고 먼저 익혀야 한다. **with**와 관련해서 하나 더 익혀 보자.

A worker washes his hands with mud water.

먼저 주어에서 나오는 빨간 화살표를 따라 시선을 이동시켰는가? 그렇게 하지 않았다면 다시 한번 쭉 보시라. 그러면서 화살표를 따라 단어를 나열해 보자.

우선 주어로 한 노동자가 있다. 주어의 행동은 씻고 있다. 자, 이 순서가 중요하다. '**한 노동자**'→'**씻다**'→'**손**' 왜 이 순서일까? '**주어에서부터 가까운 순서대로 확장**'이라는 사고에서 보면 주어 다음에 가까운 것은 주어의 행동이다. 그런 다음에 그 행동이 닿는 대상이 나온다. 이런 생각을 가지고 보면 이른바 3형식이라고 부르는 형식은 필요 없는 셈이다. 자연스러운 언어에 있어 무슨 무슨 형식이 존재한다는 것은 조금 문제가 있지 않을까 싶다.

'**주어+동사+목적어**' 이런 세트된 형식을 외우고 공부하지 않아도 정확한 말로 영어를 말하는 것은 어렵지 않다.

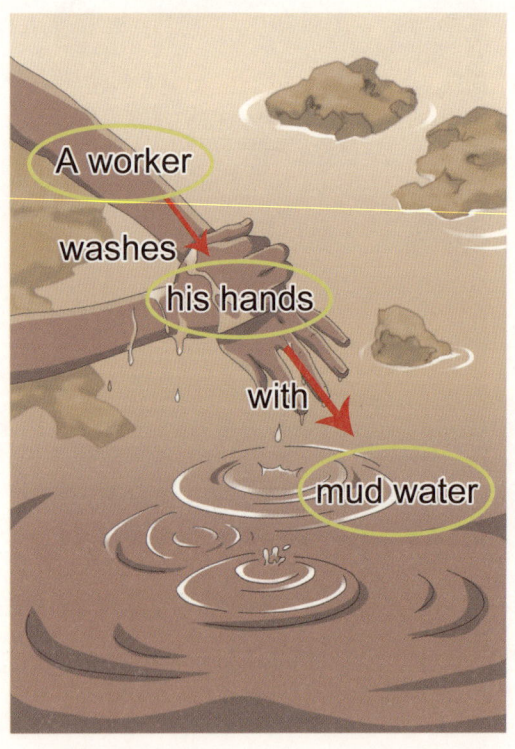

A worker → washes → his hands 여기에서 말을 그만 두어도 된다. 그런데 순서대로 확장해서 더 말을 늘리면

함께하는 것은~ (with) → 진흙 물이다.

다시 정리를 해 보자!

   A worker → washes → his hands → with → mud water.

아래 이미지처럼 냉장고 안에서 음식 같은 것을 찾아 보는 경우가 많이 있다. 이럴 때는 어떻게 영어로 말해야 할까? **'주어에서부터 가까운 순서대로 확장'**이라는 Arrow English의 사고 하나만 생각하면 된다.

자, 이제는 자동적으로 먼저 빨간 화살표를 따라 시선을 이동시키며 그림을 확인했는가? 그러면 이제는 주어를 정해야 하는데 빨간 선의 시작점을 보니 스웨터를 입은 여성이 보인다. 주어는 She로 시작하면 좋겠다. 이번에 배울 문장 이다.

She is looking for something in the refrigerator in the kitchen.

주어인 그녀(she)에서 가장 가까운 것은 주어의 행동이다. 바로 보고 있는 행동이다. 보고 있는데(is looking) 목표로 하는 것은 어떤 음식 같은 것(something) 이다. 밖을 둘러싼 것(in)은 냉장고이고 주어에서 나오는 빨간 화살표를 따라 더 밖으로 확장해 나가면 밖을 둘러싼 것(in)은 주방이다. 자, 이 사고로 영단어를 나열해 보면 영어문장이 만들어진다.

She → is looking → for → something → in → the refrigerator → in → the kitchen.

이렇게 영어를 단어가 배열된 순서대로 이해해야 자연스러운 듣기도 가능하다. 말이든 글이든 이런 식으로 연습해야만 듣자마자 듣는 순서대로 바로 알아들을 수 있고 생각하자마자 순서대로 말을 할 수 있게 된다는 얘기다. 여기서 이 사진기사 활용법의 놀라운 장점을 또 하나 경험해보자. 일단 책을 덮고, 앞에 나온 사진들을 머릿속에 연상해본다. 그리고 주어로부터 차례로 전개되는 순서를 다시 따라가 본다. 문장을 떠올리려 애쓰지 말고, 그냥 그림을 순서대로 따라가면서 거기에 해당된 단어를 떠올려보라. 이제 그 단어들을 순서대로 자신 있게 말해 보시길. (여기서 관사나 단·복수 같은 문법 사항은 신경 쓰지 않아도 된다. 영어가 잘 안 되는 것은 그런 것에 지나치게 얽매이기 때문이기도 하다. 건물 짓는 데 골조가 중요하지, 벽면 한 귀퉁이의 벽돌 한 장 찌그러진 게 있다고 건물 무너지지 않는다. 대세에 큰 지장 없다.)

자, 문장들이 금방 외워졌지 않은가. 사실 독자 여러분은 이 문장을 억지로 외우지 않았다. 영어의 어순구조를 그냥 따라가다 보니 자연스레 온전한 문장이 낳아진 것이다. 의식적으로 외우지 않았어도 자연스레 영어문장이 머릿속에 남아 있지 않은가 말이다. 이게 사진기사 활용법의 놀라운 마술이다.

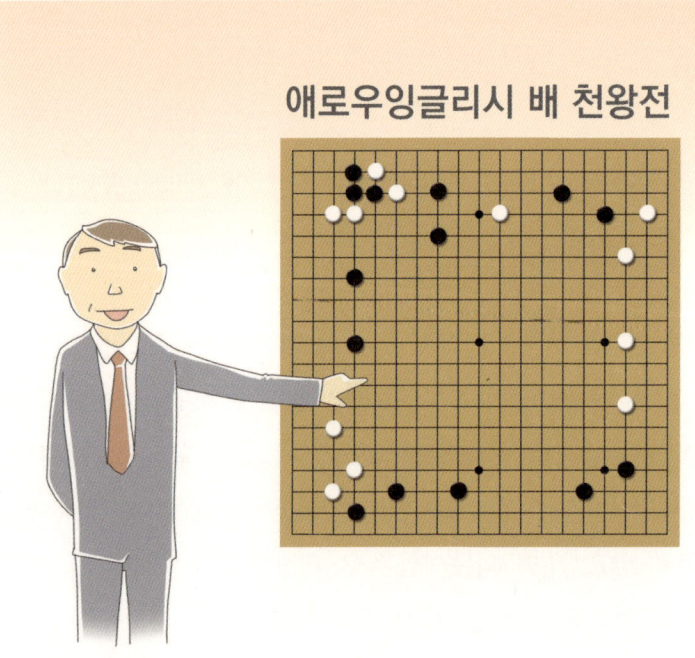

　사실 나는 바둑대국을 두고 난 후 해설자가 처음부터 끝까지 복기하는 것을 보고 너무나 신기하게 생각했었다. 얼마나 머리가 좋으면 저럴 수 있을까? 하지만 머리가 좋아서 바로 암기한 것이 아니란 사실을 나중에 알았다. 전체를 이해하면서 그림을 그렸기 때문에 가능했던 것이다. **영어공부도 이렇게 한 번만 제대로 이해하고 꾸준히 적용하면, 읽기, 듣기, 말하기, 쓰기를 한꺼번에 해결할 수 있다.** 이 방법만이 진정으로 영어를 정복할 수 있는 (토탈)학습법이다. 이제부터라도 영어의 동영상을 완벽하게 그리는 것을 목표로 공부해보자.

『듣기와 말하기를 위해서도 원리 이해는 필수다!』

많은 사람들이 왠지 영어의 '**소리**' 문제에 맞닥뜨려서는 주눅이 드는 경우가 많다. 그게 원어민처럼 유창한 발음이 되지 않아서든, 빠르게 지나가는 영어의 소리가 제대로 들리지 않아서든 말이다. 특히 요즘은 워낙 듣기와 말하기, 즉 '**소리**'와 관련한 학습이 강조되는 풍토여서 마치 그게 영어 학습의 모든 것인 양 오해되기도 한다. 그래서 "**아랫배에 힘을 주고 굵고 길게 큰 소리로 내질러 보세**", "**음악에 맞춰 4분의 4박자로 노래하듯 말해보세**", "**mp3 플레이어가 대여섯 개 박살날 때까지 반복, 반복해서 들어보세**" 등등 기상천외한 방법들이 주장되기도 한다. 하지만 그렇게 해서 득음을 하거나 랩퍼가 되거나 앵무새가 될 수 있을지는 몰라도, 어느 세월에 영어 듣기가 완성되겠는가? 최대한 시간을 덜 들이면서 머릿속에 쏙쏙 각인되도록 듣기와 말하기를 정복하는 방법 역시 원리 이해에 있다.

대개 영어 원어민들은 일상 대화나 영화, 방송 뉴스 등에서 1분에 150 단어 내외의 속도로 말한다. 필자가 AP뉴스 한 대목을 실제로 측정해보니 2분58초, 거의 3분 만에 511단어가 쏟아져 나왔다. 분당 평균 170단어인 셈인데, 그것도 중간에 인터뷰가 하나 삽입되는 바람에 단어수가 조금 줄어든 것이다. 정상적으로 따지면 뉴스 앵커가 말하는 속도는 **분당 평균 190 단어**를 넘는다고 봐야 한다. 여러분이 그 앵커의 보도를 글로 적어놓고 3분 만에 읽어서 완전히 이해하지 못한다면, 여러분이 뉴스를 알아듣는다는 건 불가능하다는 얘기다.

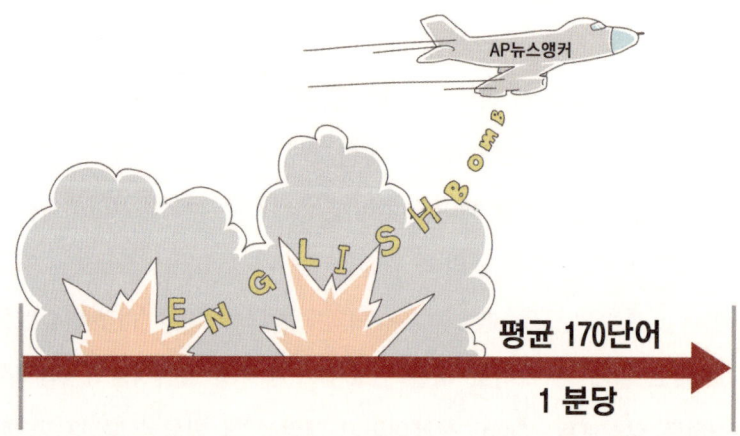

그런데 씌어 있는 글을 보고서도 바로 이해가 되지 않는 상황에서 귀로 들었을 때 바로 이해되기를 바라는 건 정말 허황된 욕심일 뿐이다. 읽기와 달리 듣기는 원어민이 말하는 속도를 반드시 따라잡아야 한다. 듣는 건 수동적 입장이기 때문에 내 맘대로 조절할 수 있는 게 아니기 때문이다.
AP뉴스 앵커가 내가 이해할 때까지 기다려가며 말을 해주진 않는다.
원어민의 말을 알아들으려면, 문장을 읽으며 이해하는 속도가 원어민이 말하는 속도를 능가할 만큼 빨라야 하는 것이다.

컴퓨터 초보자는 독수리타법으로도 충분하지만 제대로 업무를 보자면 능숙히 자판을 칠 줄 알아야 한다. 그때 필요한 것이 열 손가락으로 자판을 제대로 치는 법을 익히는 것이다. 처음에는 독수리타법보다 느리고 불편하게 느껴지지만 한글 자모를 조합할 수 있는 자판 치는 법을 제대로 익혀야만 능숙하게 빨리 타이핑할 수 있게 된다. 이와 마찬가지로 제대로 된 영어의 이해 방식이 반드시 선행되어야 듣기 실력도 향상되는 것이다.

소리를 따로 떼어내 설명하고는 있지만, 사실 듣기, 읽기, 말하기, 쓰기는 모두 유기적으로 관련되어 있다. 즉, 읽기가 눈으로 보고 '**이해**'한 것을 뇌에 전달하는 것이라면, 듣기는 소리를 듣고 '**이해**'한 것을 뇌에 전달하는 것이다. 말하기는 그 '**이해**'한 것을 입으로 말하는 것이며, 쓰기는 그 이해한 것을 글로 표현하는 것이다. 다시 말해, 머리에 입력하고 출력하는 방식만 다를 뿐 모두 '**이해력**'의 발현이라는 공통점이 있는 것이다. 아무리 좋은 마우스나 키보드를 가지고 있어도 CPU가 엉망이면 컴퓨터가 제대로 작동되지 않듯이, 영어의 듣기, 읽기, 말하기, 쓰기 역시 기본 CPU가 갖춰지지 않으면 제대로 실행될 수 없다. 그 영어의 CPU에 해당하는 것이 바로 영미인의 사고에서 만들어진 영어의 '**어순구조**'에 대한 이해란 말이다. 그 영어의 CPU가 만들어지고 나면 훨씬 짧은 시간 내에 쉽게 듣기, 읽기, 말하기, 쓰기를 정복할 수 있다. 이를 증명해주는 사례는 얼마든지 있다.

미국의 저널리스트인 님 웨일즈(Nim Wales)는 중국의 공산혁명 과정을 취재하다가 **1937년** 당시 모택동 진영에서 활약하던 한국인 혁명가 김산을 만나 그의 일대기인 「**아리랑**」을 저술하게 된다. 그 「**아리랑**」의 서문에 보면, 님 웨일즈가 김산을 만나게 된 사연이 나온다. 님 웨일즈는 영어로 대화할 수 있는 상대가 절실히 필요했기 때문에, 일단 도서관에서 영문 책자를 빌려간 사람의 명단을 뒤져보았다. 그 과정에서 모든 종류의 영문 잡지와 책자를 빌려가고 있는 대출자 '**김산**'이란 인물에 주목하게 된다. '**옳거니, 이 사람을 만나면 우선 영어로 얘기가 될 수 있겠다**' 싶어 수소문을 해서 만났는데, 놀라운 것은 온갖 영문서적을 다 읽어내는 김산의 영어가 형편없이 더듬거리고 느리고 어눌하더란 것이다. 그 뒤 님 웨일즈는 또 한번 놀라게 된다. 자신과 만난 불과 몇 개월 사이에 김산이 유창하게 영어를 말하게 되었기 때문이다. **"당신의 영어는 아주 훌륭해요. 더구나 당신이 이제까지 장시간 회화를 해본 적이 없다는 말을 듣고는 정말 놀랐습니다."** 이는 김산이 이미 원어민 사고방식에 근거한 영어의 어순구조를 터득하고 있었기에 가능한 일이었다.

물론 듣기의 문제는 따로 훈련이 필요한 것임에 틀림없다. 그러나 현재 행해지고 있는 영어 교육의 대부분은 듣기를 오로지 **'소리'**의 문제만으로 접근한다는 맹점을 보이고 있다. **'이해'**의 중요성을 간과하고 있는 것이다. 듣기가 중요하지 않다고 말하고 있는 게 아니다. 필자가 강조하는 것은 영어의 어순구조를 먼저 이해해야, 즉 단어가 나오는 즉시 이해할 수 있어야 듣기 문제가 비로소 극복될 수 있다는 점이다.

이런 점에서 영어 원어민 교사에게서 영어를 배우는 것도 능사는 아니다. 발음을 익히고 자연스럽지 않은 영어 표현을 교정하는 데는 효과가 있겠지만, 그들은 기본적으로 우리말과 영어의 언어구조 차이에서 오는 문제점을 모른다. 따라서 한국인이 영어를 배우면서 겪을 수밖에 없는 근본적 장애에 대해선 알지도 못하고, 당연히 해결책도 모른다. 원어민과의 영어 회화만으로 영어를 정복하려 드는 것은 오히려 훨씬 먼 길로 돌아가는 비효율적인 방법이 될 수도 있는 것이다.

『원어민처럼 생각하기』

생각하기에 따라선 별 대수롭지 않아 보이기도 하는데, 이런 얘길 왜 자꾸 하나 싶은 독자도 있을지 모르겠다. 너무 간단하고 단순한 이치여서 하찮게 보일지는 몰라도 결코 그렇지가 않다. 왜? 가만히 한번 생각해 보시라. 지금 필자의 말을 한 문장 한 문장이 끝날 때마다 마침표에서부터 거꾸로 해석해서 이해하는 독자가 있는가? 그냥 단어가 입에서 나오는 순서대로 받아들이고 이해하지 않는가. 그런데 왜 영어는 한 문장이 다 끝나길 기다리고는 마침표가 나온 다음에야 뒤로부터 거꾸로 해석해서 이해하느냔 말이다. 우리말과는 다른 영어니까 그런 거다? 이건 어마어마한 착각이다. 세상에 그 어디에도 말해지는 순서대로, 쓰여진 순서대로 차근차근 받아들이고 이해하지, 한 문장이 끝난 뒤 되짚어서 문장 끝에서부터 이해해가는 언어는 없다. 영어에도 되돌이표는 없다. 예컨대 소리는 나오는 순간 사라진다. 그걸 어떻게 기억해가며 이해할 것인가? 외국 공항에 가보면 대합실 스크린에 영어 자막이 빠르게 나왔다 사라진다. TV에서 CNN 방송을 보면 화면 아래에 속보나 자막이 왼쪽으로 죽죽 흘러간다. 앞으로 밀려 사라지는 그 단어들을 어떻게 할 것인가?

영어의 단어 배열 방식, 즉 어순은 원어민들의 사고방식에서 비롯된 것이므로, 영어식 사고를 배운다는 것은 **'원어민들이 생각하는 방식대로 생각하기'**와 같은 말이다. 그걸 **'영어식 사고'**라 부르든, 머릿속에 **'영어의 방을 따로 만든다'**고 표현하든 상관없다. 우리가 영문법이라 부르는 것도 사실 원어민들의 독특한 사고방식으로부터 자연 발생한 규칙일 뿐이다. 따라서 원어민들의 언어논리 구조를 이해하면 문법이라는 걸 따로 공부할 필요도 없게 된다. 그냥 그들의 언어 사고를 따라서 단어만 배열하면 문장이 되기 때문이다.

   필자가 영어의 어순구조를 이토록 강조하는 이유는 그것을 올바르게 이해해야 **'거꾸로 해석법'**의 한계가 극복될 수 있기 때문이다. 그래야 듣기 따로, 회화 따로, 영작 따로, 문법 따로, 숙어암기 따로 해야 하는 그 부조리한 공부법에서 해방될 수 있다. 이제 주어 중심으로 관사나 전치사 단어 하나까지도 직선적 순서대로 확장되는 영어의 본질에 대해 겨우 맛만 본 셈이다. 더 깊은 맛은 다음 장에서 보다 자세히 느껴보기로 하자.

CHAPTER 2

주요 문형을 통한 애로우 잉글리시 응용

2 주요 문형을 통한 애로우 잉글리시 응용

1장에서 우리는 그동안 왜 영어를 못할 수밖에 없었는지 그 원인을 파악하고, 영어의 기본적인 원리와 법칙들을 느껴보았다. 이를 통해 영어에 대한 기존 관념을 완전히 바꾸어야 한다는 점을 인식했을 것이다. 이제부터는 그 영어 원리의 핵심적 사항들을 주요 문형을 통해 보다 자세히 살펴보기로 하자.

『나는 존재한다, 고로 내 뒤엔 be 동사가 있다.』

영어에선 항상 주어라는 **'존재'**가 먼저 있다. 그 존재의 여부가 전제된 다음에 그 존재가 어떠한 상태로 있는지 나타내는 순서이다. 이건 매우 상식적인 논리이다. 생각해보자. 우선 나(주어)라는 존재가 **'있고'** 난 뒤에야 그 상태가 학생이든 선생이든 뭐든 될 것 아닌가.

즉, 어떠한 상태라는 구체적 사실보다도 주어에 더 밀접한 것은 바로 주어의 '**존재**' 그 자체인 것이다. be 동사는 주어의 존재 자체가 성립되어 있음을 나타낸다. 그리고 그 뒤에 따르는 말들은 그 존재가 밖으로 표현된 구체적 상태이다. 그래서 영어의 어순구조는 '**나는-학생-이다**'가 아니라 '**나→이다→학생(I am a student)**'의 순서가 되는 것이다. 다시 말해, **주어의 상태를 설명하는 형용사, 명사, 전치사들보다 be 동사가 앞에 놓일 수밖에 없는 것은 주어의 '상태'보다 주어라는 '존재'가 인식의 순서상 우선이기 때문이다.** 존재가 없는데 어찌 그 상태에 대해 이런저런 얘기가 나올 수 있겠는가 말이다.

그래서 She is afraid of snakes, 즉 '**그녀는-뱀을-무서워한다**' 같은 경우도 영어의 어순은 '**그녀→이다→무서워하다→밀접한 관련이 있는 것은→뱀**'인 것이다. 그녀가 우선 존재해야(be) 그 존재로부터 무서워하는 마음이 생기기 때문이다. 또한 '**무서워하는 마음**'은 주어인 그녀 속에 있는 것이지만, 그 대상인 '뱀'은 그녀로부터 한 단계 떨어져 있는 것이므로 snakes보다 afraid가 먼저 나오게 된다. (영어의 관절에 해당하는 'of'와 같은 기능어들에 대해선 뒤에 따로 설명할 것이니 여기에서도 어순에만 주목하시라.)

『대상보다 우선하는 주어의 동작』

우리말에서는 주어와 대상이 먼저 나오고 다음에 그 관계가 설명되는 식이다. 한국어에서는 주체와 객체가 무엇인지가 우선적으로 중요하기 때문이다. 하지만 영어는 주어가 나오고, 그 주어가 어떻게 하느냐 하는 동작이 바로 다음에 온다. '나는-공을-찼다'가 아니라 'I→kicked→the ball'이 되는 것이다. 왜 그럴까? 동사는 주어가 취하는 행동이기 때문이다. 주어의 입장에서는 자기 행동의 대상이 되는 객체(목적어)보다 **자기의 행동 자체가 자신에게 더 밀착되어 있는 것이다. 힘이 발생하는 원천이 있고, 그것으로부터 힘이 발생하고, 그 힘에 의해 영향을 받는 대상이 온다**는 건 개인 중심적 사고를 가진 그들로서는 당연한 순서 아닌가.

물리적으로도, 논리적으로도 주어에 더 가까운 것이 주어 자신의 행동이지 그 행동의 대상은 아니다. 철저한 주어 중심의 사고가 아닐 수 없다.

『주어의 동작과 대상을 이어주는 전치사』
(주어→동사→전치사→대상)

이번엔 동사 뒤에 전치사가 이어지는 문형을 살펴보자. 역시 원리는 마찬가지다.

He jumped into a pool of water.

이것을 우리말로 옮기면 "**그는 물웅덩이로 뛰어들었다**" 정도가 될 것이다. 우리가 살펴본 바 대로 주어인 He를 중심으로 순서대로 나아가보자. 그러면 '그→뛰어들었다→밖에서 안으로 들어가 보니→웅덩이→밀접한 관련이 있는 것은→물'이다.

자, 독자 여러분 자신이 바로 그(He)라고 상상해보시라. 예를 들어 다이빙 보드 위에서 아래로 점프했다고 치자. 그래서 몸이 아래로 떨어진다. 그러고는 어디로 쑥 들어간다. 그곳이 웅덩이다. 웅덩이에 들어가서 보니 안의 내용물이 물이었다.

이처럼 원어민들의 어법에선 이 문장이 끝날 때까지 웅덩이에 있는 게 물인지 똥인지 알 수가 없다. 주어인 He와 함께 jump해서 아래로 시선이 내려가면서 움직일 뿐이다. 그렇게 해서 마지막에 딱 이르러, 만약 그게 "water"가 아니고 "dung(똥)"으로 바뀐다면 아마 듣는 이들은 폭소를 터뜨릴 것이다. 순차적으로 확장되어가는 영어의 맛이 느껴지는가? 하지만 이걸 기존의 거꾸로 해석법식으로 받아들여 **"그는 똥통으로 뛰어들었다"**로 이해하면 절대 그 맛을 느낄 수 없다. 웃음이 나오는 게 아니라 **'똥'** 속에 뛰어든 **'He'**에 대해 안타까움을 느낄 수밖에 없는 것이다.

이러한 영어의 직선적 확장 사고는 어떤 경우든 다 적용된다.

I go to the hospital.

'나는-병원에-간다'가 아니고 **'나→간다→죽 가서 도달하는 지점이→병원'**으로 되어 있다. 즉, **주어→동작→방향→대상**의 순서다. 일단 주어인 **'나'**가 있고, 그 주어가 걷는다는 행동을 시작하고, 그 행동이 어떤 방향으로 죽 이어져서, 그 결과 병원에 도달하게 되는 것 아닌가. 참으로 논리적이고, 시위를 떠난 화살처럼 직선으로 흐르는 상식적인 순서라 아니할 수 없다. **'to'**가 놓인 위치도 따져보자. **주어의 입장에서 볼 때 목적어인 '병원'보다 주어 자신의 행동 방향이 더 가까운 것**은 자명한 이치 아닌가. 그래서 전치사 to가 주어의 행동 다음이면서 그 행동의 결과보다 앞에 놓이는 것이다.(동시에 전치사 **to**는 주어의 행동과 그 최종 대상 사이의 시간적, 공간적 **'간격'**을 의미하기도 한다. 말하자면 내가 발을 떼는 순간 곧바로 병원에 와 있게 되는 건 아니지 않는가.)

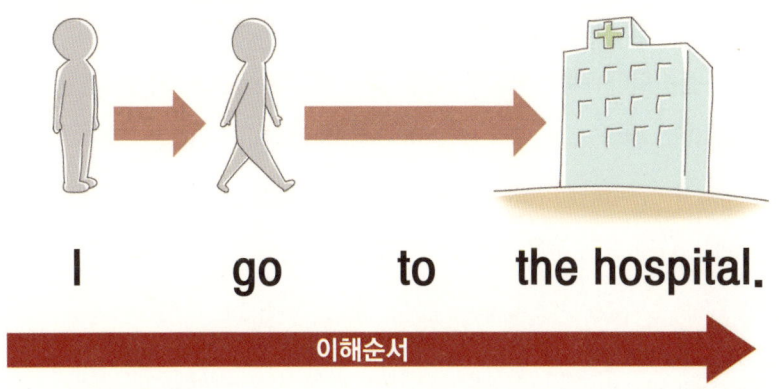

『동사가 겹쳐 나올 때도 주어와 가까운 것부터 먼저』

동사와 동사가 연달아 나올 경우에도 둘 중 어느 동사가 먼저 자리하는지 이미 정해져 있다. 내가 의사가 되기로 결심했다고 하자. I decided to become a doctor. 나는 의사가 되기로 결심했다. 우리말의 어순구조에서는 의사가 **'되는 것'**이 **'결심하는 것'**보다 먼저 나온다. 눈치 빠른 독자는 이미 알아챘을 것이다. 결심한다는 것은 주어라는 존재에 가장 가까운 주어의 마음속에서 일어나는 일이다. **뭔가가 된다는 사실보다 결심한다는 사실이 주어에게 보다 가까운 일**이므로, 영어에서는 decide가 become 보다 먼저 나오는 것이다. 항상 주어 중심으로 순서대로 확장되는 게 영어의 원리이기 때문이다.

I am ready to die now.

황산벌 전투에 나가는 계백 장군이 했을 법한 대사이다. 그러나 이것도 영어라면 "나는 지금 죽을 준비가 되어 있다"로 이해해서는 안 된다.

'나→준비되다→죽 이어져 도달하는 지점이→죽다→지금'의 순서로 이해되어야 한다. 죽는다는 것보다 그걸 마음에서 준비하는 게 주어에겐 먼저다. 죽은 다음에 마음의 준비를 하는 게 아니잖은가. 준비를 했는데, 뭘 준비했느냐면 그게 죽음이라는 것이다.

다음의 그림을 한번 보자.

A woman kneels to place flowers on the grave.

자, 한 여성(a woman)이 주어다. 이로부터 그림을 시작해보자.

한 여성 → 무릎을 꿇다 → 죽 나아가서 (to) → 놓다 → 꽃들 → 접하고 있는 면은(on) → 무덤

동사가 연달아 나온 **kneel**과 **place**에 주목해 보자. 그냥 아무 생각 없이 동사 두 개를 연달아놓은 게 아니라, 주어가 행동을 취하는 순서대로 동사가 놓이게 된다. 절대 우리말로 하듯이 **"놓기 위해서(놓으려고) 무릎을 꿇다"**라고 이해하지 마라. 순서대로, **"무릎을 꿇고 나서 놓다"**이다.

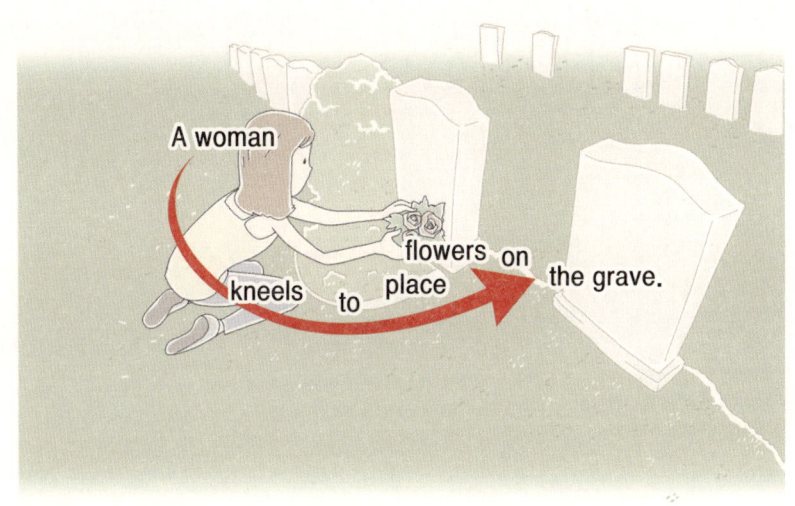

CHAPTER 3

진정한 영어공부의 지름길 (1)

3

진정한 영어공부의 지름길 (1)

『영어의 관절, 기능어를 잡아라!』

영어에는 내용에 관계없이 절대 변하지 않는 부분들이 있다. 하나는 영어의 가장 밑바탕을 형성하고 있는 뼈대, 즉 영미인의 사고방식에 따른 문장 구성 방식(어순)이다. 또 하나는, 단어와 단어, 단어와 문장, 문장과 문장 사이를 이어주는 관절의 역할을 하는 요소들(관사, 조동사, 전치사, 접속사, 관계사, to부정사 등등)이다. 이 영어의 관절들을 다른 말로는 기능어(**function words**)라고 한다. 반면 변하는 부분들은 내용어(**content words**)다. 이 내용어가 바로 지식에 해당하는 부분이다. 지금도 쏟아져 나오는 신조어들은 바로 새로운 분야, 새로운 지식에 근거한 새로운 내용어들이다. 각종 시사용어들도 다 내용어에 속한다. 그러나 아무리 새로운 단어가 많이 만들어져도 기능어들이 새롭게 만들어지지는 않는다.

한 조사에 의하면 100단어만 알면 모든 **영문의 50% 정도가 이해**되고 1,000 단어를 알면 75% 정도가 이해된다고 한다.

He jumped into a pool of water.

앞서 배웠던 이 문장을 기억하는가? 이 문장에서 내용어와 기능어의 비율을 살펴보라.

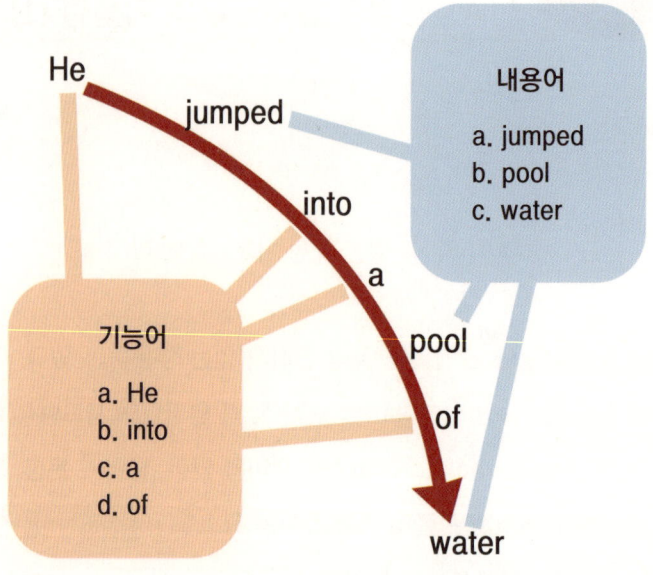

위의 문장만 보아도 기능어들이 과반수 이상을 차지하고 있다.

일차적으로 영어식 사고와 어순을 완전히 이해해서 익히고 그 어순 구조에 있어 고정적인 기능을 담당하는 기능어들을 자기 것으로 만들면, 이제 남는 것은 단지 이해의 속도와 어휘수의 문제뿐이다. 뼈대와 관절로써 골격이 만들어졌으니 이젠 거기다 살만 붙여 가면 되는 것이다. 이 단계에 이른 초등학생과 성인의 차이란 아는 어휘수의 차이일 뿐이다. 결국 영어를 유창하게 한다는 것은 원어민 방식대로 어순구조를 완전히 이해하고 그 구조에다 단어들을 실려 내보내는 것에 불과하다.

그런데 영어의 관절에 해당하는 기능어들은 그동안 '**거꾸로 해석법**'으로 인해 심하게 오염되어 있다. 우리가 학교에서 배운 문법이란 게 따지고 보면 대부분 이 기능어에 대한 분석이 아니던가. 그러니 그 오염의 정도가 오죽하겠는가. 영어를 원어민 방식대로 이해하기 불가능할 만큼 모든 기능어들이 다 비틀리고 변형되어 있는 것이다. 이를 먼저 하나하나 바로 잡아주지 않는다면, 원어민 방식으로 이해하고 말하기란 요원한 일이다. 그러나 **기능어들은** 우리가 기존 문법에서 어렵게 배워온 것과 같은 골치 아픈 문법사항이 아니라, **원어민의 사고방식대로 주어에서부터 순서대로 그림을 그려나가기 위한 도구이며 단어와 단어를 자연스럽게 연결해주는 가장 효과적이고 유용한 비밀병기**들이다. 이제 이 비밀병기들을 다시 되찾아서 너무나 쉽게 영어를 있는 그대로 순서대로 이해하고, 생각하는 대로 말을 만들 수 있는 방법을 배워보자. 이번 장에서는 우선 전치사의 기본 개념을 익히고 그동안 왜곡되었던 전치사의 이해 순서를 바로잡도록 하겠다.

『전치사의 양면을 아우르는 연결고리』

영어의 기본문은 '**주어→동사→대상**', 즉 주어로부터 동사를 거쳐 대상에 이르기까지 주어에서 나온 하나의 힘이 관통되고 있어서 구태여 중간에 무슨 연결고리가 없어도 하나의 완결된 단위가 된다. 이해하는 데도 전혀 문제가 없다. 그런데 여기서 문장을 더 전개시켜 **'주어+동사+대상'**의 기본 그림에다 명사를 더해보자. 예를 들어 'I study English'에다 'Tom'을 더해 보자. 'I study English Tom.' 이해가 되는가? **'나→공부하다→영어'**까지는 유기적 관계로 단어 나열만으로도 이해되지만 그 다음에 나온 Tom과는 어떤 관계인지 도무지 알 수가 없다. 그래서 필요한 것이 바로 연결고리 역할을 하는 전치사이다. 그래서 **'A+전치사+B'**의 구조가 되는데, 여기서도 이해의 순서는 당연히 단어의 배열 순대로 **'A→전치사→B'**이다. 그런데 우리는 이제껏 **'전치사+B'**를 한 세트로 묶어서 "B를 ~" 하는 식으로 해석해왔다. 즉 전치사를 단지 뒤에 있는 B로부터 해석할 대상으로만 여겨왔지 양면을 아우르는 연결고리로 보지 못했던 것이다. 전치사는 뒤의 명사보다는 앞에 놓여 있는 대상과의 관계에 더욱 신경을 써야 한다.

우리가 기존에 잘못 배웠던 전치사를 다시 바르게 이해하기 위해서는 다음 **두 가지 점**을 반드시 염두에 둬야 한다.

첫째, 전치사는 두 대상(사물, 개념) 사이의 상관관계를 알려주는 역할을 **한다**. 한마디로 연결고리 구실을 하는 셈이다. **'A+전치사+B'**로써 A와 B 사이의 시공간적 위치, 방향, 움직임, 상호 영향력(힘)의 관계를 보여준다는 것이다. 그런데 여기서 중요한 점은 주어의 관점에서 볼 때 먼저 A가 있고 그 다음에 유기적 상관관계를 알려주는 전치사가 오고 그런 뒤 B가 온다는 순서이다. 예컨대 **'A under B'**의 경우 **"B 아래에 A"**가 아니라 "A가 아래쪽에 있고 위에서 덮고 있는 것이 B"라는 점이다. 결국 같은 상황을 말하는 것이지만, 중요한 것은 단어가 나온 순서대로 시점이 이동해가면서 동시에 이해하고 있느냐 하는 점이다.

애니메이션 영화 〈인어공주〉를 보면, 바다 밑에서 물고기들이 "Under the sea! Under the sea!" 하며 노래하는 장면이 나온다. 그런데 흔히 생각하듯 이게 그냥 "바다 밑! 바다 밑!"이 아니다. 이 문장의 주어는 지금 노래를 부르고 있는 물고기들이다. 따라서 물고기들로부터 순서대로 그림이 나아가야 한다. 지금 물고기들이 있는 곳은 '아래'이고 그 다음으로 위에 '바다'가 있지 않는가. 그래서 '(물고기)→Under→the sea'인 것이다. 전치사란 앞과 뒤에 있는 두 단어 사이의 상관관계를 보여주는 것이라고 했다. 원어민들은 "under"라는 단어가 나오는 그 순간 이미, (명시된 A이든 생략된 A이든 간에) 먼저 A가 아래에 있고 다음으로 위에서 뭔가 덮고 있구나 하고 감을 잡은 채 다음 말을 기다리게 되며, 그 다음에 그 무엇이

B임을 확인하게 된다는 얘기다. 이렇게 전치사 자체가 독립적으로 주어와 뒤에 나오는 명사의 유기적 상관관계를 내포하기 때문에, 전치사 앞의 A나 뒤의 B 어느 하나가 생략되어 있는 상황에서도 온전히 상호관계를 파악할 수 있는 것이다.

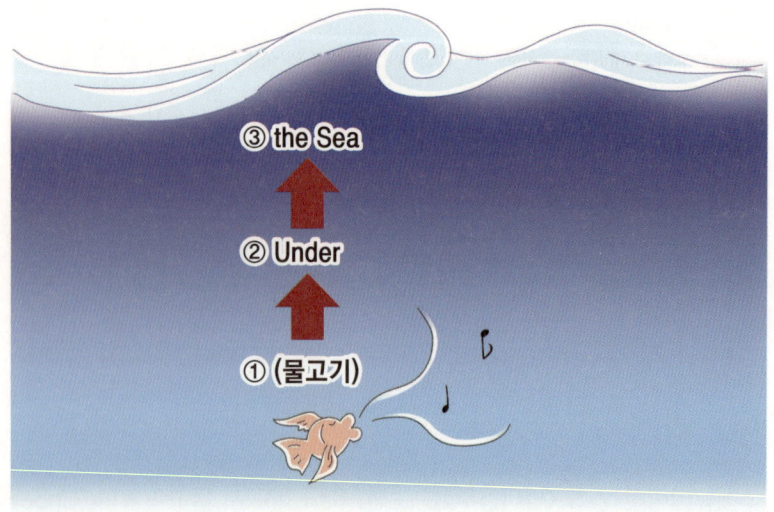

둘째, 우리는 흔히 동사와 전치사의 결합을 '**숙어**'라고 하면서 무조건 암기해왔다. 그러나 이렇게 해서는 진정한 영미인의 사고방식을 이해할 수도 없고 영미인의 감정을 느끼면서 말할 수도 없다. 사전을 보면 전치사 하나당 적어도 한 페이지에 달하는 내용이 줄줄이 번호가 매겨진 채 실려 있다. 그런데 그 다양한 용례를 다 외웠다 하더라도, 문장에 등장한 전치사가 그 숱한 용례의 몇 번째 것에 해당하는지 단번에 파악하는 게 쉽지 않다. **전치사를 하나의 다의어(多意語) 정도로 생각해서 그 수많은 뜻을 일일이 외울 게 아니라, 기본 개념 하나를 찾아내야 한다. 그것이 전치사 문제를 해결하는 최선의 방법**이다.

원어민들은 태어나면서부터 개별적으로 낱낱의 경우를 일상에서 경험함으로써 자연스럽게 기본 개념을 체화하게 된다. 하지만 우리는 거꾸로 중심을 꿰뚫는 기본 개념을 먼저 찾아낸 뒤 이를 확실히 틀어쥐고 연역적으로 다양한 경우에 순발력 있게 적용해가야 한다. 이때 전치사의 기본 개념을 파악하는 가장 좋은 방법은 물리적인 그림을 그려보는 것이다. 그리하여 전치사 하나하나에 대해 그 기본 개념을 그림으로 머리에 담아 둘 수 있다면 완숙의 단계라고 할 수 있다. 추상적인 개념으로 나아간 경우도 물리적인 기본 개념으로부터 확장된 것이기 때문에, 그 기본 개념만 틀어쥐고 있다면 어떤 경우라도 무리 없이 이해가 가능하게 된다.

『영어 어순을 이해하지 못해 생긴 전치사의 왜곡』

"You First!"

예전 어느 카드회사의 광고 카피다. **"당신 먼저!"**, 즉 고객인 당신을 그 무엇보다 최우선으로 삼겠다는 메시지를 담고 있다. 그러나, 아마도 이 문구를 쥐어짜낸 카피라이터도 알고 있을 것이다. 올바른 표현은 **"After You!"** 가 되어야 한다는 걸 말이다. 하지만 그렇게 할 수는 없었을 것이다. 왜? **'먼저'** 라는 느낌을 살려야 카피의 의도가 전달되는데, 우리에게는 **after** 가 '**~ 후에**'란 의미로 뇌리에 박혀 있기 때문에 그게 불가능한 것이다. **"After"** 하는 순간에 벌써 '**~ 뒤에, ~ 다음에**' 등등의 이미지부터 떠오르는데 카피라이터라고 무슨 용빼는 재주가 있겠는가.

'A+after+B'의 뜻은 'A가 나중이고 먼저인 것은 B'이다. 그러니까 "After you!"도 '먼저인 것은 당신이다'는 말이다. 즉, "(I) After you!"라고 할 경우 말하는 사람인 나는 '뒤(後)'이고 그 '앞(前)'이 당신이라는 뜻이다. 우리가 이제껏 익숙해 있던 개념과는 뉘앙스가 사뭇 다르다. 전치사가 기본적으로 단어와 단어 사이의 연결고리라는 점을 간과함으로써 올바른 의미를 이해하지 못한 것이다. 그렇다면 지금 대한민국에 나와 있는 영한사전이 왜 하나같이 after에 대해 '~ 뒤에'라는 개념만 담아왔을까? 그건 우리가 쓰고 있는 영한사전이 영어를 우리말의 구조에 맞춘, 즉 번역을 위해 만들어진 것이기 때문이다. 영어를 영미인식 사고로 접근한 게 아니라 한국인의 언어 사고로 바라본 것이다. 따라서 당연히 한 단어씩 차례로 소화하며 나아가야 하는 직선적 이해, 즉 'A→after→B'가 어려웠던 것이다. '거꾸로 해석법'이 생겨나게 된 원인 중 하나가 영한사전인 것이다.

여전히 after의 개념에 대한 필자의 말에 동의할 수 없는 독자들을 위해 문장을 예로 들어 설명해보겠다.

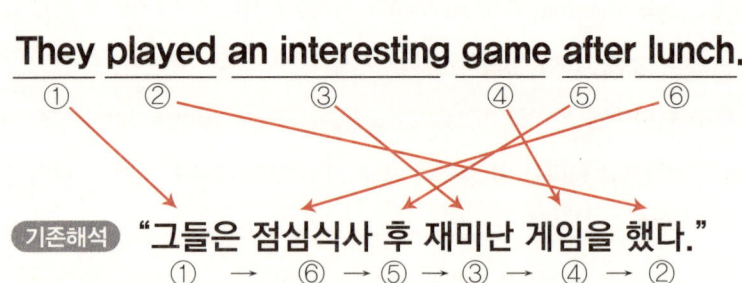

이에 대한 기존의 해석은 **"그들은 점심식사 후 재미난 게임을 했다"**일 것이다. 해석의 순서가 ①→⑥→⑤→③→④→②로, 왔다갔다 정신이 없다. 그러나 위 문장에서 영미인들이 말하는 순서를 자세히 들여다보자. 우리가 재미난 게임을 했고, 그 다음에 **after**가 왔다. 그렇다면 그런 순서를 따라가서 **after**의 의미가 받아들여져야지 어떻게 **after** 뒤에 있는 '**점심식사**'로 가서 거꾸로 이해하기 시작한단 말인가. 만약 어떤 영미인이 "They played an interesting game after"까지만 말을 했다면 어쩔 것인가? **after** 뒤에는 어떤 말도 하지 않은 순간인데, 그러면 그 다음 말이 나올 때까지 **after**를 포함해서 한마디도 해석을 하지 못하고 **after** 뒤의 뭔가가 나올 때까지 마냥 기다리고 있어야 하는가? 이것이 바로 기존 '**거꾸로 해석**' 방식의 문제이다.

지금까지는 **after**의 의미가 '**~후에**'라고 배웠지만, 이제는 '**(그건 나중이고) 먼저 일어난 일은 ~**'으로 새긴 채 순서대로 뒤따르는 목적어를 기다려야 한다. 황당한가? 전혀 그렇지 않다. **"그들은 놀았다→한 재미난 게임→after(먼저 있었던 일은)→점심식사."** 매끄러운 해석은 아니지만 이해하는 데에는 전혀 문제가 없다. 상식적으로 한번 생각해보자. 영어를 사용하는 영국이나 미국 사람들도 다 사람일진대, 뒤에서부터 시작해서 앞으로 돌아오며 이해하는 그렇게 어려운 방식으로 말하고 듣고 하겠는가?

A dog passed after a cat.

"고양이 다음에 개 한 마리가 지나갔다"? 아니다. "한 마리의 개가 지나갔는데, 먼저 지나간 것은 고양이였다." 이해하는 데 문제 있는가? 원어민이라면 after를 듣는 순간 머리 속에 '개가 지나가는 데 그 앞에 뭔가가 있다'는 영상을 떠올린다. '다음에, 뒤에'란 개념을 떠올리지 않는 것이다.

『잘못된 전치사의 개념, 이미지(그림)로 바로잡아 이해하기』

기존의 거꾸로 해석법에 젖어 있어서 전치사의 기본 개념을 익히려면 상당히 혼란스럽고 심지어 의미가 전혀 반대인 것처럼 느껴지기도 할 것이다. 그런 문제점을 해결하기 위해 전치사를 이미지로 머릿속에 저장한다면 훨씬 빠르고 유연하게 단어들의 연결고리가 완성될 것이다.

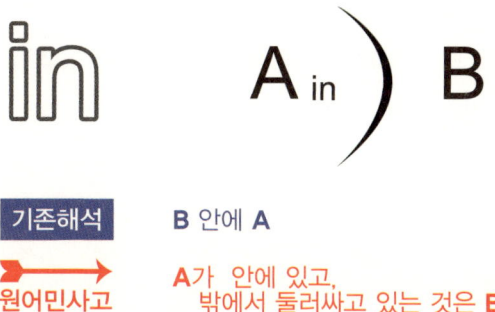

기존해석: B 안에 A

원어민사고: A가 안에 있고, 밖에서 둘러싸고 있는 것은 B

먼저 A의 입장에서 안에 있다는 걸 느끼고 그 다음 주위를 둘러싸고 있는 B를 인식하는 게 순서다. 따라서 in의 기본 개념은 'A가 안에 있고, 밖에서 둘러싸고 있는 것은 B'이다. in 다음에는 당연히 둘러싸고 있는 것이 나올 수밖에 없으므로 "밖에서 둘러싸고 있는 것은" 하고서 다음 말을 기다리면 된다. I live in Korea의 경우, 이를테면 나는 원 안에 있고 한국이 바깥에서 나를 둘러싸고 있다는 느낌을 갖는다면 제대로 이해가 된 것이다.

He is in uniform.

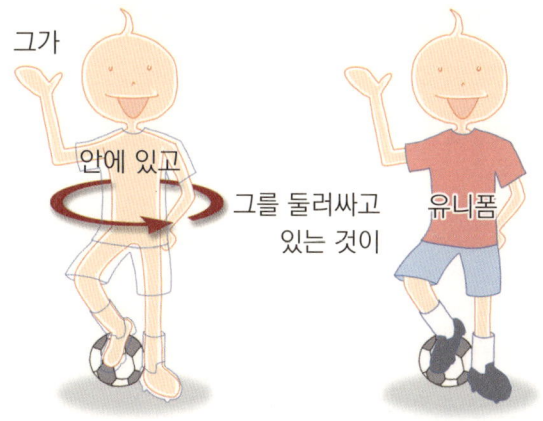

그가 안에 있고 밖에서 그를 둘러싸고 있는 것이 유니폼이니, 입고 있다는 의미가 되는 것이다. 이걸 처음부터 **"입고 있다"**로 의역할 것이 아니라 기본 개념대로 이해를 해가면, 더욱 정확히 영어가 피부에 와 닿는다. 그래야만 다른 경우에도 더욱 다양하게 활용할 수 있게 된다.

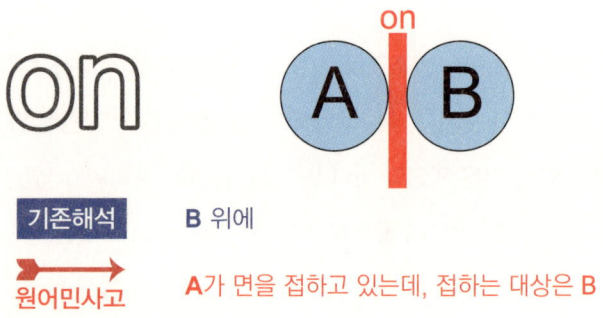

on 하면 흔히 위쪽에 서 있는 거라고 생각하는 경우가 많다. 하지만 상하좌우 어느 쪽에 붙어 있든 접촉면만 가지면 모두 on이다. 따라서 on의 기본 개념은 **'A가 면을 접하고 있는데, 접하는 대상은 B'**이다. on 뒤에는 당연히 면을 접하고 있는 대상이 나올 수밖에 없으므로 **"접하고 있는 면은"** 하고서 다음 말을 기다리자.

I sit on the chair.

지금 일어서서 의자에 한번 앉아보라. 먼저 앉으려고 자세를 갖춘 다음 엉덩이가 어떤 면에 가 닿게 되고 그 다음 그 면을 소유한 것이 의자라는 것을 알 수 있다. 접촉면을 거쳐 의자와 만나는 것이다. 그 접촉면이 바로 on의 느낌이다. on이 접촉의 의미이다 보니, 접촉한 대상이 움직일 경우는 함께 움직이게 된다. 그래서 '**현재**'의 느낌과 함께 '**계속**'이라는 의미도 가지게 된다.

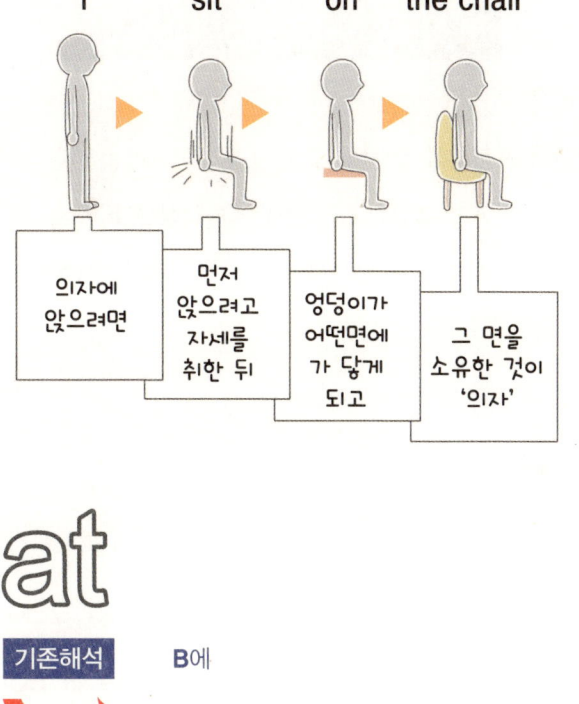

스티븐 스필버그의 유명한 영화 《ET》를 보면 마지막 부분에 주인공 꼬마와 ET가 손가락 끝을 서로 갖다대는 장면이 나온다. 영화의 가장 감동적인 그 장면에서 at을 떠올려야 한다.

A가 어딘가와 접점을 갖는데, 그 접한 대상이 B라는 말이다. 따라서 at의 기본 개념은 'A가 접점하고 있는데, 그 대상은 B'이다. at 다음에는 접점하고 있는 대상이 나올 수밖에 없으므로 "접하는 지점은" 하고 다음 말을 기다리면 된다.

Tom met Mary at the airport.

탐이 누굴 만났는데, 그 대상이 메리이고, 메리가 어딘가에 접해 있는데 그곳이 공항이라는 것이다.

여기서 at과 in의 차이를 잠깐 살펴보자. 어떤 사람들은 큰 지명 앞에는 in을 쓰고 at을 쓰면 안 된다고 알고 있는데, 그것은 잘못 알고 있는 것이다. in과 at은 주관적인 느낌에 따라 달리 쓰일 수 있다. **Tom met Mary at Busan.** 여기서의 '**부산**'이란 지역은 지도상에서 부산을 찾아 콕 집은 것처럼 특별한 의미가 실리지 않은 그냥 일반적인 지명의 느낌이다. 메리를 어디서든 만날 수 있는 것인데 그게 부산이었을 뿐, 그 부산이라는 공간 자체엔 별다른 느낌이 없는 뉘앙스다. **Tom met Mary in Busan.** 이 경우엔 '**부산**'이란 공간이 화자에게 뭔가 특별한 의미가 있다. 다른 데가 아닌 바로 부산이란 곳에서 메리를 만났다는 뉘앙스를 풍긴다. 부산 해운대도 알고 자갈치시장도 잘 아는 사람이 말하는 경우의 느낌이다.

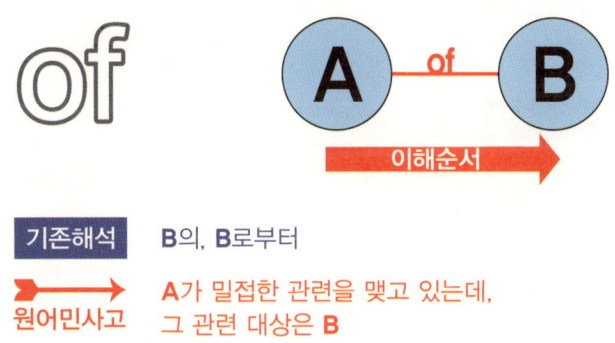

| 기존해석 | B의, B로부터 |
| 원어민사고 | A가 밀접한 관련을 맺고 있는데, 그 관련 대상은 B |

그동안 '**B의 A**'(소유), '**B 중의 A**'(부분), '**B로 만든 A**'(재료), '**B라고 하는 A**'(동격) 등등 다양한 '**A of B**'의 용례를 일일이 암기했을 것이다. 그렇게 고생해서 외울 필요 없다. '**A가 밀접한 관련을 맺고 있는데, 관련 대상은 B**'라는 of의 기본 개념을 머릿속에 그려서 갖고 있으면 된다.

of 뒤에는 당연히 밀접한 관련이 있는 대상이 나오게 마련이므로 **"밀접한 관련이 있는 것은"** 하고서 다음 말을 기다리자.

The love of parents is great.

주어인 **'사랑'**이 먼저 나오고, 그 **'사랑'**과 밀접한 관계가 있는 **'부모님'**이 나왔다. 그걸 굳이 소유관계라고 명시하지 않아도, 사랑과 밀접한 관계인 부모님에서 그냥 **'부모님의 사랑'**을 자연스럽게 인지할 수 있다.

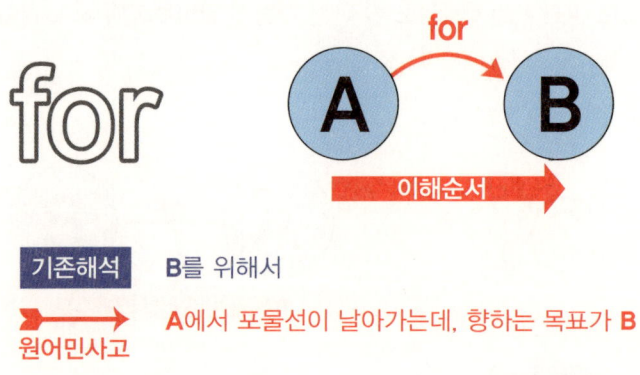

'~을 위해', '~을 향하여', '~대신', '~와 관련지어', '~을 기념하여' 등등 사전에 나온 for의 의미는 수십 가지나 된다. 하지만 **'A에서 포물선이 날아가는데, 향하는 목표가 B'**라는 기본 개념만 인지하고 있으면 어떤 경우라도 응용이 가능하다.

A로부터 일종의 포물선이 날아가 그 목표인 B에 가 닿는 모양이다. 이런

상황을 한번 생각해보자. 왜 이런 일이 일어났느냐고 추궁을 받아 누구 탓에 그렇다고 변명할 때 슬며시 그 누군가를 손가락으로 가리킬 것이다. 이때 그 손가락에서 포물선이 나와 변명거리에 가서 꽂히는 정황을 머릿속에 그려보라. 그 포물선이 바로 for이다. 문장에서 차례대로 읽어가다 보면 for 뒤에는 포물선이 향하는 목표가 나올 수밖에 없으므로 **"포물선이 향하는 목표는"** 하고 다음 말을 기다리자.

He married her for love.

'그→아내로 취하다→그녀→포물선이 향하는 목표는→사랑'.
굳이 사랑 때문이라고 하지 않아도 for의 기본 개념만으로 이해가 된다. 여기에 바로 for를 포물선으로 나타내는 묘미가 있다. 이 설명 외에는 사실 for가 만들어내는 '**~때문에**'라는 의미를 설명하기가 쉽지 않다.

I will wait here for five days.

'나→할 것이다→기다리다→여기→포물선이 향하는 목표는→5일',
즉 포물선이 날아가 1일, 2일, 4일을 지나 5일의 끝에 꽂히는 느낌이다. 결국 5일 동안이라는 기간을 의미하게 된다. 이를 during과 비교해보면, 둘 다 '**기간**'이란 걸 의미하지만 during은 단지 기간만 표시할 뿐 포물선이 꽂힐 특정한 목표가 없으므로 일자가 명시된 기간 앞에 쓰이지 않는다는 차이가 있다.

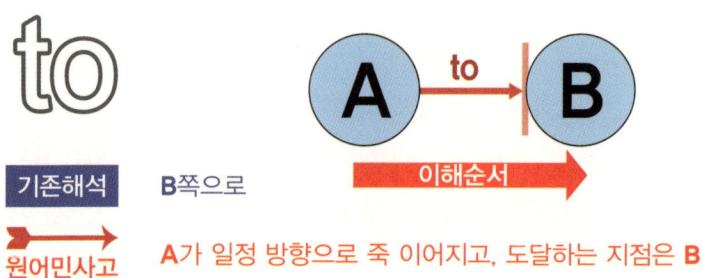

to야말로 그 용도가 참 무한대다. 그래도 그 기본 개념인 '**A가 일정 방향으로 죽 이어지고, 도달하는 지점은 B**'라는 것만 확실히 꿰고 있으면 문제없다. 간단하게 어떤 목표를 향하여 나아간다는 의미에서 →로 기억하자.

I am going to Seoul.

"나는 서울로 가고 있다"로 새기는 게 아니라, '**가고 있는**' 행위가 먼저이고 그렇게 가서 도달한 지점이 '**서울**'인 것이다. 그런데 여기서 to의 방향은 꼭 앞쪽만을 의미하는 것은 아니다. 어느 쪽이든 일정 방향으로 죽 나아가는 것이다. to 다음에는 당연히 나아가서 도달한 지점이 나오게 되므로, "**죽 이어져 도달하는 지점은**" 하고서 다음 말을 기다리면 된다.

The tree fell to the ground.

그 나무→쓰러졌다→죽 이어져 도달하는 지점은→땅.

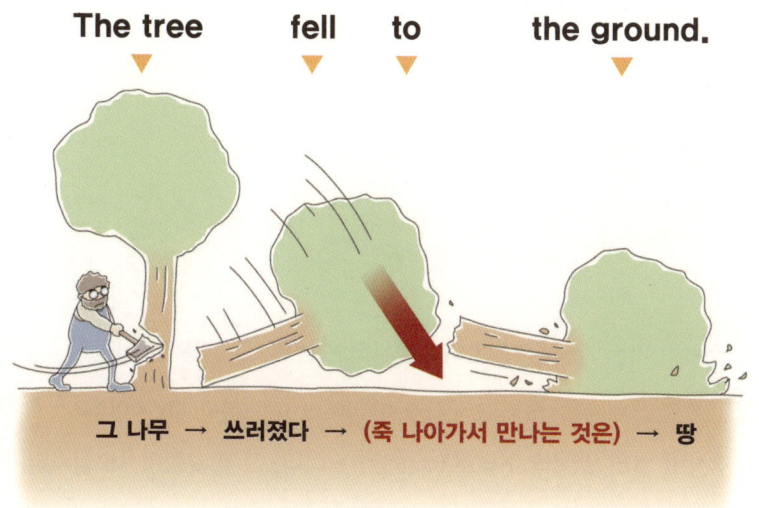

　나무가 쓰러져서 땅을 향해 기울어지는 장면이 떠오르는가. 쓰러져서 땅바닥에 떨어지기까지는 진행의 간격이 있다. 그게 바로 to이다. 그리고 여기서 to의 방향은 아래쪽을 향하고 있음을 알 수 있을 것이다.

단어만 알면 거침없이 영어되는 비법책

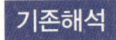 B로부터

 A가 어디로부터 왔는데, 출발점은 B

from의 기본 개념은 'A가 어디로부터 왔는데, 그 출발점은 B'로서, 단지 출발점만 드러내줄 뿐이다. "The office is far from my house." 하면, 사무실이 멀리 있는데 어디로부터인가 봤더니, 그 출발점이 '내 집'이더라는 것이다. 문장을 차례대로 읽어나가면 from 다음에는 당연히 출발점이 나오므로 **"출발점은"** 하고서 다음 말을 기다리면 된다.

"The office is far from my house."

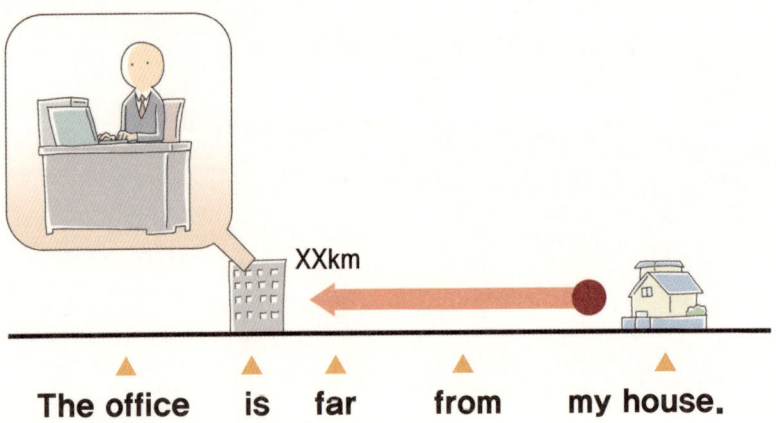

around

기존해석 B 주위에

 **원어민사고** A가 둘러싸고 있고, 둘러싸인 안쪽에 있는 것은 B

around의 기본 개념은 'A가 둘러싸고 있고, 둘러싸인 안쪽에 있는 것은 B'이다. around the world하면 세계를 한 바퀴 도는 것 즉, 세계일주를 뜻하게 된다. 문장을 차례대로 읽어나가면 around 뒤에는 당연히 둘러싸인 안쪽이 무엇인지가 나오므로 **"둘러싸인 것은"** 하고서 다음 말을 기다리면 된다.

Tom runs around the park every morning.
'탐→달린다→둘러싸인 것은→공원→매일 아침.'

만약 탐이 공원의 벤치에만 앉았다 오거나, 분수대 쪽만 갖다오거나 하면 around를 쓰면 안 된다. 말 그대로 공원을 한 바퀴 빙 돌았기 때문에 around를 쓰는 것이다.

 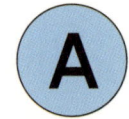 

기존해석	B와 같이
원어민사고	A가 있고, 함께하는 것은 B

그동안 with를 만나면 '~와 같이, ~을 데리고, ~을 가지고' 등 문장에 따라 다 달리 해석했을 것이다. 이 다양한 우리말 해석들을 종합해 보면 한 가지 공통점이 발견된다. 바로 뒤에 함께하는 것이 나온다는 점이다. 따라서 with의 기본개념은 '**A가 있고, 함께하는 것은 B**'라고 보면 된다. with 다음에는 당연히 함께하는 것이 무엇인지가 나오게 마련이므로 "**함께하는 것은**" 하고서 다음 말을 기다리면 된다.

Gone with the Wind.

'**바람과 함께 사라지다.**' 마가렛 미첼의 소설을 영화화한 것으로 이 영화를 안 보았더라도 제목은 다들 귀에 익숙할 것이다. 그러나 이 역시 번역을 위해 매끄럽게 뒤에서 해석한 것이고, 영어 어순은 '**갔다→함께하는 것은→바람**'이 된다. 이 어순대로 여러분이 지금 어디를 향해 가고 있고 그때 함께 바람이 몰아치고 있는 장면을 상상해보라. 훨씬 실감나게 느껴지지 않는가?

I shake hands with a famous movie star.

주어에서부터 순서대로 확장되는 영어의 어순 개념을 잘 드러내고 있는 문장이다. **나→흔들다→손들→함께하는 것은→한 유명한 영화배우.** 내가 손을 흔드는데 그 힘이 미치는 것이 손들이고, 함께하고 있는 것이 유명한 영화배우이다.

 B안으로

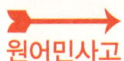 A가 안쪽으로 쭉 들어가고, 들어가는 영역은 B

in+to라는 단어 조합에서 알 수 있듯이, into는 어딘가 안쪽으로 쭉 들어가는 느낌이다.

동굴이나 터널 같은 물리적 공간으로 쑥 들어가는 것도 될 수 있고 보이지 않는 공기나 분위기 같은 것이 될 수도 있다. 따라서 into의 기본 개념은 '**A가 안쪽으로 쭉 들어가고, 들어가는 영역은 B**'이다. 문장을 차례대로 읽으면 into 다음에 쭉 들어가서 나온 영역이 나오게 마련이므로 **"안으로 들어가 보니"** 하고서 다음 말을 기다리면 된다.

He went into the office.

밖에 있다가 안쪽으로 들어가 보니 그곳이 바로 사무실이었다. 먼저 있는 것이 '**가다**'라는 동작이고, 그 동작의 방향인 '**into**'가 나오고, 그리하여 그 방향의 목적지인 '**사무실**'이 등장하는 순서다.

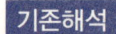 B 주위에

 A가 아래쪽에 있고, 위에서 덮고 있는 것이 B

over와 반대되는 개념이라고 생각하면 된다. 아래쪽일 때 광범위하게 쓰이는 below와는 달리 under는 '**수직으로 밑에 있으면서 무언가에 의해서 전면이 덮이는**' 느낌일 때 사용된다. 따라서 기본 개념은 '**A가 아래**

쪽에 있고, 위에서 덮고 있는 것이 B'가 된다. under가 나오면 **"위에서 덮고 있는 것은"** 하고 다음 말을 기다리면 된다.

I am under an umbrella.

문장이 제시하고 있는 모습 그대로, under가 먼저 있고 그 다음에 우산이 와도 이해할 수 있도록 under의 의미를 새겨야 한다. 즉, 내가 우산 아래 있는 것이 아니고, 내가 아래에 있는데 그 위로 우산이 덮고 있는 것이다. 주어인 나를 기준으로 해서 위를 올려다보는 느낌이다.

『사진기사를 이용한 전치사 익히기』

사진기사는 특히 전치사를 익히기에 좋은 자료다. 신문기자들이 사진 캡션을 쓸 때 사진 속의 정황을 짧은 말로 함축해서 쓰려다 보니 사물의 상관관계를 나타내는 전치사가 아주 적절하게 잘 표현되기 때문이다. 연습 삼아 사진기사 하나를 감상해보도록 하지.

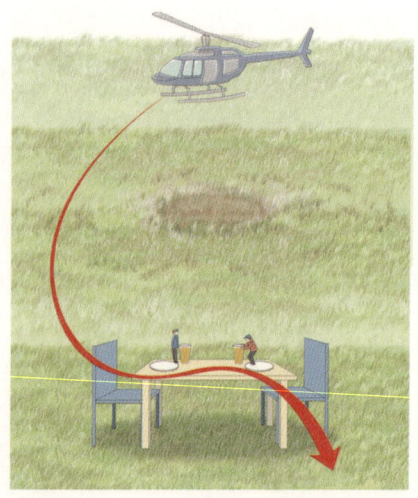

A helicopter turns around a huge table in a field.

일단 전치사 부분만 두고 나머지 단어들을 우리말로 바꿔 보면,
한 헬리콥터 → 돈다 → around → 한 거대한 탁자 → in → 한 들판 이렇게 된다.

차근차근 살펴보면 일단 헬리콥터가 등장했고 그것이 돌고 있다. 그리고 나서 **around**가 나왔다.

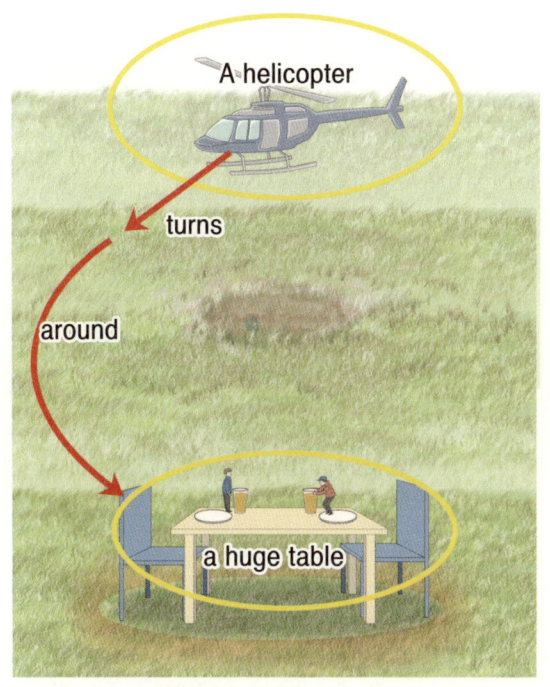

그림을 보면 헬리콥터가 돌면서 만들어내는 동작이 둘러싸는 모습이다. turn → around 이 순서가 너무나 자연스럽지 않은가? 헬리콥터가 돌면서 그 동선이 둘러싼다는 것이다. 그리고 나서 둘러싸는데 그 안에 대상이 무엇인가 봤더니 **a huge table**, 하나의 거대한 테이블이 나왔다.

A helicopter → turns → around → a huge table

그리고 나서 그 거대한 테이블 조형물이 어디에 있나보니 **in**, 즉 안에 있다. 둘러싼 지역이 뭔지 보니 → **field**, 들판이다.

in a field.

    이렇게 전치사들이 어떻게 앞말과 뒷말의 상관관계를 보여주고 있는지 눈여겨보면서 영어 어순을 따라 자연스럽게 사진 위에다 선을 그려가 보자. 그림의 방향이 자연스럽게 연결되고 확장되는 것을 느낄 것이다. 이런 사진기사를 활용해 지속적으로 연습하다 보면 전치사의 올바른 이미지를 되찾을 수 있고 영어 문장의 빠른 이해도 가능해질 것이다.

    영어를 할 때 가장 황당한 경우는 해석이 안 되는 문장에서 모르는 단어를 사전에서 뜻을 다 찾아 보았는데도 전체적으로 이해가 되지 않는 경우다. 그 이유는 단어의 문제가 아니라 영어의 골격을 모르기 때문이다. 영어의 골격에 해당하는 부분들을 먼저 바로잡아 주어서, 단어만 알면 영어를 이해하고 받아들이는 데 전혀 문제가 없도록 하는 것이 이번 책의 가장 주된 목적 중 하나다. 다른 사진기사를 가지고 좀더 연습해 보도록 하자.

A man bathes on a field with flowers on the shore of a lake.

예전에 해오던 방식은 제일 뒤에 있는 단어인 **a lak**e부터 시작하는 것이다. 하지만 영어는 단어가 나오는 순서 그대로 그림이 그려지므로 이제부터는 제일 뒤에 나온 단어가 아니라. 제일 앞에 나온 단어부터 순서대로 원어민식 이해를 해야 한다.

A man bathes on a field

한 남자가(a man) → 목욕을 하고 있다(bathes) → on 목욕하는 남자가 어디에 붙어 있나 보니→ 들판(a field)

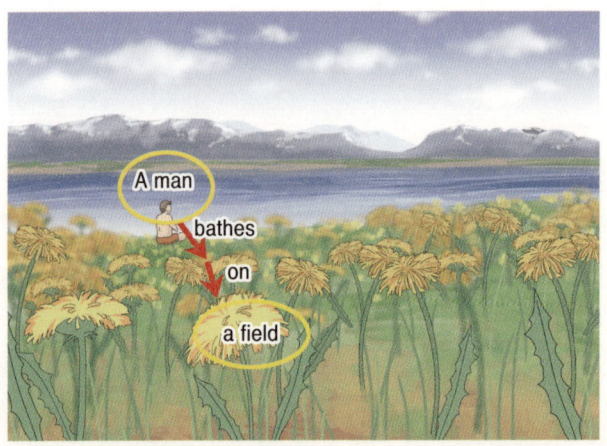

A man → bathes → on → a field

본문의 단어 순서를 보면, a field 보다 on이 먼저 나온다. 순서대로 이해해야 한다. 그러므로 '**그 면이 붙어 있는 대상이 바로 들판이다**'가 자연스러운 영어식 이해다.

a field → with → flowers → on → shore

with ~를 보자마자 '~와 함께' 이렇게 이해하지 말고 앞서 언급했듯이 **'함께 하는 것은~'**으로 봐야 한다.

앞에 **a field**, 들판이 나왔고, 들판과 함께 하고 있는 게 무엇인지 봤더니
→ **활짝 핀 꽃들**

그 꽃이 어떻다는 건가 하고 계속 이어서 나가면 **on**이 또 나온다. 그 꽃줄기의 밑둥치 뿌리 부분이 붙어 있는 면이 무엇인가 봤더니 바로 → **the shore,** 기슭이다.

shore → of → a lake

그리고 **of**, 연결 되어있는 대상이 뭔가 봤더니(전체가 무엇인지 봤더니)
→ **호수**.

『동사와 전치사의 어울림』

　영어는 주어로부터 물리적, 논리적 순서대로 나열되는 언어이기 때문에, **'방향'** 감각이 대단히 중요하다. 그리고 그 방향을 주도하는 것이 바로 동사이다. 따라서 단순히 동사의 의미만 외울 것이 아니라 먼저 동사의 종류와 방향을 파악해야 한다. 동사의 종류와 방향이 파악되면 동사 뒤에 나올 전치사도 자연스럽게 결정된다. 다음 문장을 동사의 종류와 방향을 느끼면서 읽어 보자.

draw water from a well.

기존해석　우물에서 물을 긷다.

→E　당기다 → 물 → 출발점은 → 한 우물.
　　　[‹---]　　　　　　 [‹---●]

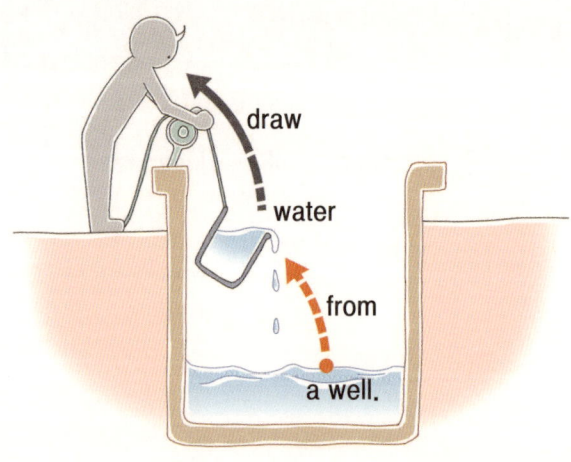

draw는 주어 쪽으로 당기는 힘이다. 그러니 당연히 뒤에 끌어올려진 출발점이 어디인지에 대한 전치사 **from**이 따라 나왔다. 조화를 이루는 방향감과 순서가 느껴지지 않는가!

이런 방식으로 영어 동사를 파악하면, 구태여 동사 뒤에 어떤 전치사가 오는지 일일이 암기할 필요가 없다. 숙어란 이름으로 이것저것 묶어서 머리에 구겨 넣을 필요가 없다. 그냥 읽고 이해하면 그만이다. 몇 가지 예를 더 들어 보자.

Ripe apples fell off the tree.

A lion came out of the zoo.

This highway goes to Busan.

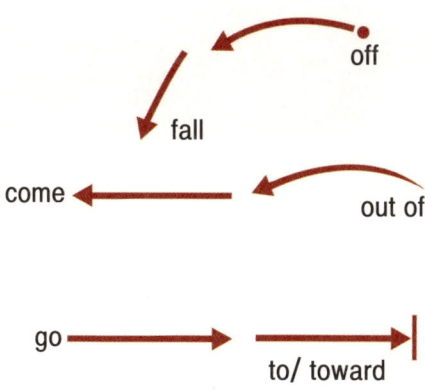

이처럼 동사는 기본 개념에 맞는 방향에 어울리는 맞춰 전치사도 세트로 함께 사용한다. 이런 동사와 전치사가 자연스럽게 어울리기 때문에 반대로 동사의 기본 개념을 찾을 때 전치사의 도움을 받을 수도 있다. 동사의 기본 개념을 찾기 힘든 경우, 사전에서 동사와 주로 함께 쓰이는 전치사를 찾아 그 방향을 유추해보면 기본 개념을 수월하게 파악할 수 있다.

아래 사진기사를 활용해서 좀 더 연습해 보면

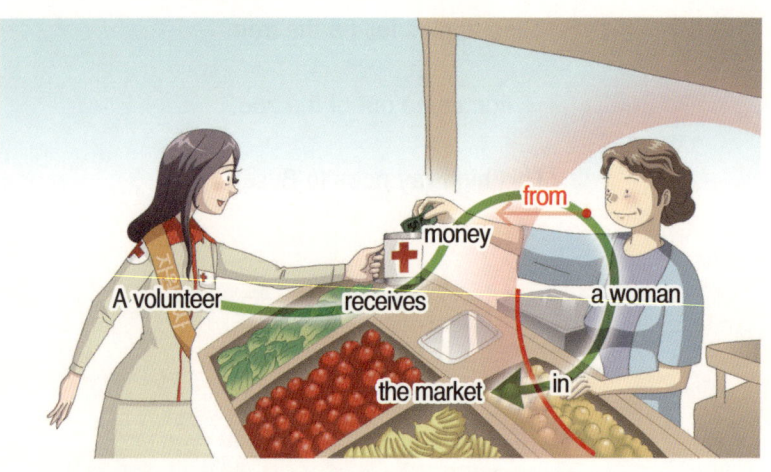

A volunteer receives money from a woman in the market.

먼저 제일, 처음 나온 단어가 '**한 자원 봉사자**'이다. 그 자원 봉사자가 하고 있는 동작을 보니 '**받고 있다**'. 그리고 받는 것이 무엇인가 보니 '**돈**'이다. 그 돈의 출처가 (from) 어딘가 하면, '**한 여인**'이다. 그리고 그 일이 벌어지는 장소는 (in) '**시장**'이다.

여기에서 주목해야 할 점은 receive ~ from 이다.

앞서 언급된 **'동사의 종류와 방향이 파악되면 동사 뒤에 나올 전치사도 자연스럽게 결정된다.'**라는 말을 여기에 적용해 보면 receive는 받는 그림이다. 받으면 뭔가가 주어 쪽으로 온다. 이 말은 그 뭔가가 나온 출발점이 있다는 말이다. 그래서 출발점을 나타내는 전치사 **from**이 자연스럽게 온다.

CHAPTER 4

진정한 영어공부의 지름길(2)
거침없이 말 늘리기

거침없이 말 늘리는 비밀

『관계사를 이용한 말 늘리기』

'관계사'란 말만 들어도 주눅이 드는 사람들이 많을 것이다. 독해를 하거나 듣기를 할 때 가장 까다로운 부분이며, 시험에서도 가장 어렵다고 느끼는 부분이기 때문일 것이다. 하지만 애로우잉글리시 학습법에 익숙해지면, 그저 기본문장에서 한두 개의 곁가지가 뻗어나갔을 뿐 결코 어려운 것이 아니라고 느끼게 된다.

① 탐 좋아한다 나 → Tom likes me
② 나 사랑한다 메리 → I love Marry
③ 메리 좋아한다 우유 → Marry likes milk

이 세 문장을 연결해 '나'를 주어로 하는 하나의 문장으로 만들어보자.

명사를 매개로 곁가지가 뻗어나간다고 했고 주어와 목적어가 겹치는 부분을 연결해야 하므로 이런 조합이 가능할 것이다.

Tom likes me + I love Marry + Marry likes milk

그런데 주어가 'I'가 되어야 하므로 'I'올 중심으로 전개하면 이렇게 될 것이다.

I [Tom likes me] love Marry [Marry likes milk].

위 문장을 한번 찬찬히 들여다보자. 재미있는 사실을 발견하게 된다. '나는' '나를'/ '메리를' '메리가'와 같이 우리말에서는 서로 주어, 목적어로 분명히 인식되던 말들이 영어에서는 '는/를'과 같은 말이 없음으로 인해 주어나 목적어나 똑같이 '나' '메리'와 같이 동일한 단어로 중복된다. 그래서 이러한 영어만의 특색으로 인해 과감히 중복을 피하는 경제적인 방법을 모색하게 된다. 그 중복되는 요소를 중복해서 사용하지 않고 편하게 다른 말로 대체한다. 여기서 만들어진 것이 바로 관계사라는 것이다.

여기에서 앞의 언급된 사람을 주어로 활용하는 관계사는 who, 대상으로 활용하는 관계사는 whom이란 지식만 있으면 하나의 완전한 말 늘리기가 완성된다.

I whom Tom likes love Mary who likes milk.

사진기사를 통해 관계사의 쓰임을 더 자세히 알아보자.

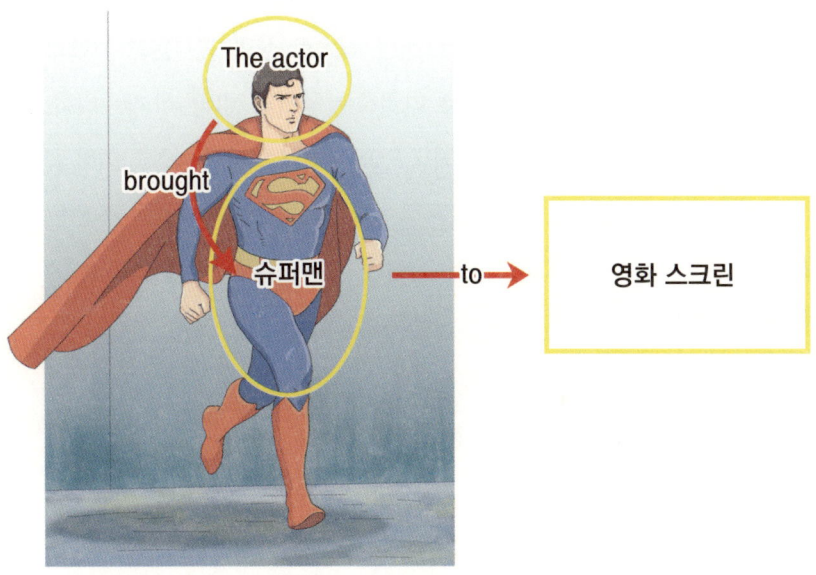

The actor who brought comic book hero Superman to the silver screen has died of heart failure at 52.

배우 → who → 가져왔었다 → 만화책 영웅 수퍼맨 → to → 영화 스크린 → 죽었다 → of → 심장마비 → at → 52.

주어는 사진에 보이는 미국 배우다. 그런데 뒤에 be동사나 일반동사가 오지 않고 불쑥 who가 등장했다. who는 앞에 등장한 사람을 시작점으로 해서 다시 문장이 시작된다는 신호이다. 앞에 나온 사람에 대해 부가적인 설명을 할 때 사용된다.

우리말은 **"영화 스크린으로 만화책 영웅 수퍼맨을 옮겨다 놓은 미국 배우"**와 같이 '미국 배우' 앞에다 뒤의 내용을 끌어와서 부가 설명하는 식의 문장구조를 취한다. 그러나 영어는 이런 식으로 설명하는 문장 구조가 불가능하다. 주어에서부터 순서대로 나열하는 영어의 절대원칙 때문이다. 주어에 관련된 내용은 어떠한 경우에도 먼저 주어가 일단 존재한 뒤에야 올 수 있는 것이 원어민들의 언어사고이다. 그래서 주어인 미국 배우가 일단 먼저 등장을 하고, 그 다음에 이 사람에 대한 부가적인 설명이 뒤에 이어지는 것이다.

영어 문장의 기본 단위

영어에서 가장 기본이 되는 문장 구성 종류는 **두 가지**뿐이다.

1. 주어 → 주어의 존재(be동사) → 그 존재의 표현 모습(명사/ 형용사/ 힘을 받는 경우-과거분사)

2. 주어 → 주어에서 나온 힘(동사) → 힘이 다른 대상에 미칠 경우 그 힘이 미치는 대상(목적어)

아무리 긴 문장도 사실 이 기본 단위와 기본 단위의 연결일 뿐이다. 그리고 학교에서 배운 그 복잡한 문법들은 간단히 말해 어떻게 말을 늘려 가느냐에 대한 내용이다. 즉, 영어로 말을 늘려가는 방법을 이해한다면, 영어 문법 대부분이 끝난다고 해도 과언이 아니다.

영어에서 말을 늘려가는 방법은 딱 두 가지다.

첫째, 기본문 단위와 기본문 단위를 병렬시켜 1대1 대응으로 합치는 경우다. 즉, 〈기본 단위〉+〈기본 단위〉의 형태이다. 이 경우, 기본 단위와 기본 단위를 연결해주는 말이 바로 '**접속사**'이다.(접속사에 대해서는 뒤에서 따로 다루겠다.)

둘째, 기본 단위의 구성 요소 가운데 명사를 시작점으로 해서 곁그림 형태로 부가적인 설명을 하는 방식이다. 이때 사용되는 연결고리가 바로 '**관계사**'이다.

이 기사문도 The actor has died(주어+동사)가 하나의 기본 단위이다. 그런데 주어인 The actor 다음에 동사인 has died가 나오기 전에, 주어에 대해 더 얘기하고 싶은 내용이 있다. 그럴 경우, 관계사를 이용해 옆으로 잠깐 빠져 나가 새로운 내용을 덧붙이는 것이다. 그래서 관계사 **who**가 오고, 그 뒤에 다시 기본 단위의 '**동사+대상**'이 뒤따른다. **who**에 이어지는 곁그림은 brought(동사)+comic book hero Superman(대상)+to the silver screen이다. 그런 뒤 다시 본 주어의 동사인 has died로 돌아오는 것이다.

기본 단위의 구성 요소들 가운데 관계사를 이용해 새롭게 그림을 그려 나갈 수 있는 것은 **'명사'**뿐이다. 손에 잡히는 실체가 있어야 뭔가 연결될 수 있지 않겠는가. 영어는 **'명사'**만 나왔다 하면 화자가 원하는 대로 무한히 말을 이어갈 수 있다. 그래서 아래 그림과 같은 구조가 가능하다.

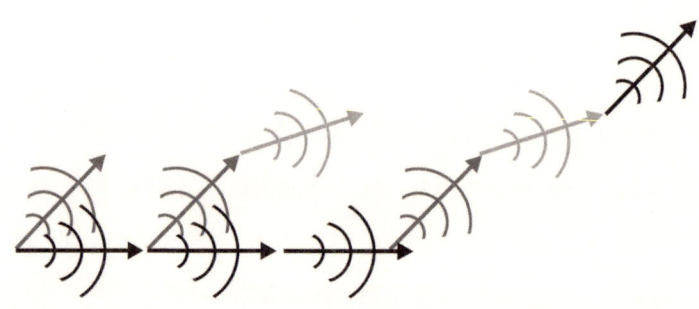

특히 관계사는 앞 단어와 연관을 맺은 채 곁그림으로 빠져서 부가 설명을 한다는 교통신호로 인식하고, 관계사를 보는 순간 **'아~! 옆으로 빠져서 부가 설명을 하려는 거구나'** 하고 동시에 새로 또 하나의 그림을 그려 가면 된다. 아무리 긴 문장을 만나도 겁먹을 필요 없다. 그저 기본 단위에 맞춰 단어 순서대로의 방향으로 그림을 그려가다가 접속사나 관계사와 같이 말 늘리는 연결고리를 만나면 자연스럽게 옆으로 빠지는 그림을 하나 그리고 나서, 다시 그 곁그림과 상관 없는 단어가 등장하면, 본그림에 해당하는 요소로 이해를 하고 원래 그림에 이어서 그려 나가면 된다.

학교에서 배운 모든 내용이 우리말 해석에 근거한 거꾸로 해석법이다 보니, 말 늘리기에 해당하는 관계사나 접속사로 이어지는 부분들을 무조건 수식구조로만 이해했었다. 그래서 영문을 읽어 나가다가 조금만 긴 문장이 나오면 무엇이 무엇을 수식하는지 찾고 분석하기 위해 이리저리 왔다 갔다 하다가 시간을 다 보낸다. 영어 문장은 어떤 경우에도 뒤로 돌아가서 해석될 수 없다. 절대 관계사나 접속사로 이어지는 문장들을 앞에 나온 단어나 문장을 거꾸로 꾸며주는 구조로 이해해서는 안 된다.

관계사를 통해서 새로운 곁그림이 그려질 때

꼭 기억해야 할 점이 하나 더 있다. 그것은 바로 관계사를 통하는 순간 명사는 과거를 완전히 잊어버리고 새 출발한다는 사실이다. 앞 문장에서 그 명사가 주어였다고 해도 이어지는 문장에서는 목적어가 될 수도 있고, 앞 문장에서 그 명사의 역할이 목적어였다고 해도 주어로 변신이 가능하다는 말이다. 어떻게 그렇게 될 수 있을까?

우리말에서는 어떤 명사가 주어라면 **'은/는/이/가'**, 목적어라면 **'을/를'**의 조사가 붙어서 문장의 어느 위치에 있든 목적어가 주어가 되거나 주어가 목적어가 되는 일은 불가능하다. 하지만 영어는 우리말과 달리 명사 뒤에 붙어서 그 역할을 정해주는 **'은/는/이/가/을/를'**과 같은 조사가 없다. 그러 주격 조사나 목적격 조사 따위가 없어도 영어가 의사소통이 되는 이유는 주어로 삼은 대상으로부터 순서대로 나열하기만 하면 구태여 어느 것이 주어인지 목적어인지 알려주지 않아도 자연스레 무엇이 주어인지 목적어인지를 알 수 있게 되기 때문이다. 그러니 필요도 없는 '은/는/이/가/을/를'과 같은 조사를 만들 이유가 없는 것이다. 그래서 단지 명사 그 자체로만 보아서는 그것이 주어인지 목적어인지 알 수가 없다. 이런 특성으로 인해, 관계사를 통해 새롭게 그림을 그릴 때 앞에 나온 명사가 어떤 역할을 했었는지에 구애되지 않는 것이다.

who brought comic book hero Superman to the silver screen

실용적인 측면에서 다양하게 변신이 가능한 관계사의 역할을 쉽게 분별하는 노하우를 알려드리자면, 관계사 뒤에 바로 동사가 오면 그 관계사는 **'주어의 역할'**이다. 또 관계사 뒤에 다른 명사가 바로 이어지면 그 명사가 주어가 되어 새로운 그림이 시작이 되는 것이므로, 그 관계사는 주어가 될 수는 절대 없고 단지 문장의 기본 단위에서 명사가 하는 역할 가운데 **'주어 외의 역할'**이 된다. 기본 단위에서 주어를 제외한 명사의 다른 구실은 **'be동사 뒤의 명사'**나 **'동사의 목적어'**이다. 이 점만 명심하면 관계사와 관련하여 어려운 점은 모두 해결된다. 따라서 주어 뒤에 관계사 **who**가 나오고 바로 동사(**brought**)가 이어졌기 때문에 이 **who**는 주어 역할을 하고 있다는 것을 즉각 알아차릴 수 있다. 그런 뒤 자연스럽게 **who**에서부터 시작하여 동작인 **bring**으로 이어 나가면 된다. **'가져오다'**라는 힘을 받는 대상이 **comic book hero Superman**(만화책 영웅 수퍼맨)이다. 여기서 힘의 연속성을 한번 생각해보자.

'가져오다 → 대상 → 가져옴으로 인해 옮겨지게 되는 목적지는(to) → 영화 스크린'

has died of heart failure at 52.

여기서 우리는 **has**가 제일 처음에 나온 주어에서 **who**로 시작된 곁그림으로 잠시 빠져 나갔다가 돌아온 주어의 본그림임을 알아야 한다. 주어의 동작이 **has died**(죽었다)이다. 그러고는 전치사 **of**가 이어졌다. 죽었다는 동작과 밀접한 관계를 나타내는 **of**와의 연결로 구체화되는 의미는 **"죽었는데 직접적인 원인이 ~"**이다. 숙어로 **die of ~** 하면 '**~로 죽다**'라고 암기했겠지만, 비슷한 뜻인데도 **die** 다음에 **from**이 오는 수도 있다. 이러니 이해를 하지 않고 무조건 암기해서는 다양한 변화에 즉각적으로 대처할 수 없게 된다. **die of**는 죽음과 밀접한 관련이 있는 이유이니 결국 죽음의 직접적인 원인이 된다. 그러나 **die from**은 출발지가 무엇인지만 나타내기 때문에 죽음의 원인이긴 하지만 직접적인 원인은 아니란 뉘앙스를 갖는다. 즉,

He died from a wound.

그가 죽었는데 그 죽음의 출발점이 '**부상**'이다. 즉, 부상을 입은 후 후유증으로 나중에 죽게 되었다는 의미이다. 이처럼 전치사의 기본 개념만 적용해도 서로 다른 뉘앙스에 대해 충분히 감지할 수 있게 된다. 이어 마지막에 **at 52**로써 죽은 시점이(죽음을 접한 대상이) 52세임을 알려주고 있다.

이제 예문을 통해 몇몇 주요 관계사들의 쓰임을 알아보자.

Saturday is the day when he is less busy.

기존해석 토요일은 그가 덜 바쁜 날이다.

그→이다→덜→바쁜

→E 토요일→이다→그날

토요일이 그 날인데, 그 날이 어떤 날인지 설명하기 위해 관계사가 쓰였다. 선행사가 **day**라는 '**날**'을 나타내는 명사인데 관계사절의 문장 형태를 보니 '**주어+be동사**'이다. 따라서 이 문장에서 선행사인 '**날**'에 부가적인 말을 붙이려면 '**전치사+the day**'의 형태를 취할 수밖에 없다. 여기의 **when**은 바로 그러한 전치사의 의미까지 포함한 관계사로 **on which**로 바꿔 쓸 수 있다. 장소, 시간, 방법, 이유를 나타내는 **where, when, how, why** 등이 바로 이러한 관계사에 속한다.

This is how she solved the problem.

기존해석 이것이 그녀가 그 문제를 해결한 방법이다.

그녀→풀었다→그 문제.

→E 이것→이다→how

관계사 **how** 앞에 선행사 **the way**가 생략되어 관계사가 기본문의 보어 역할을 하고 있다. 이럴 경우에도 목적어를 매개로 한 관계사절과 하나도 다를 게 없다. 그냥 순서대로 읽어 가면서 **'어떤 방법이라는 거지'** 하고서 곁그림을 그려가기 시작하면 된다. 절대 수식 구조가 아니라 따로 새롭게 그림을 그리면서 단어 순서대로 앞으로 나아가면 된다.

I saw a girl whose father is a famous actor.

기존해석 나는 그녀의 아버지가 한 유명한 배우인 한 소녀를 보았다.

↗아버지→이다→한 유명한 배우.
그녀의
→E 나→보았다→한 소녀

여기서 whose는 who+'s라고 이해하면 된다. 그냥 of와 같은 개념으로 보아도 무방하다. 선행사인 그 사람 자체는 아니지만 밀접한 관련이 있는 것에 대한 내용이 이어지게 된다. 여기서는 그 소녀에 대한 얘기를 하다가 그녀의 아버지 생각이 나서 곁가지로 빠지고 있는 모양새다. 선행사가 사람이면 whose, 사물이면 of which를 쓴다.

I will send what was promised.

기존해석 나는 약속된 것을 보낼 것이다.

↗였다→약속되다.
→E 나→할 것이다→보내다→ 그게 뭐냐면

다른 문장들과는 조금 다르다는 것을 알 수 있을 것이다. 여기서 **what**은, 앞 문장의 동사 **send**의 목적어도 되고 뒷문장 **was promised**의 주어도 된다. 이런 것을 선행사가 포함된 관계대명사라고 한다. 이때는 목적어 자체를 **what**으로 그리고 가면 된다. **what**은 눈, 코, 입, 없는 달걀귀신 정도로 이해하면 된다. 그 다음 말이 이어지면서 그 형상이 무엇인지 그려지게 된다.

I'll do **whatever** you tell me to do.

기존해석   네가 하라는 일이라면 무엇이든 하겠다.

→E   나→것이다→하다→무슨 일이든   당신→말하다→나→죽 이어져→하다.
도달하는 지점은

문장에서의 역할은 위의 관계사 **what**하고 똑같은데 생긴 것만 **ever**가 붙어 있다. **ever**가 무슨 뜻인가? '**항상, 늘**'을 뜻하는 부사이다. 따라서 여기서도 관계사 **what**에 곁다리 연결선이 여러 개 생겼다고 생각하고 넘어가면 된다.

『접속사를 이용한 말 늘리기』

어떤 글을 읽어 내려가다가 그리고, 그러나, 또는, 더구나 등을 만나면 여러분은 어떤 생각을 하는가? '**아, 뭔가 얘기가 계속 이어질 모양이구나, 뭔가 반대되는 내용이 나올 모양이구나**' 하면서 다음에 나올 말을 기다리지 않는가? 이처럼 접속사는 문맥에서 다음에 무슨 말이 올지를 미리 알려주는 신호등 역할을 한다. 또한 그렇기 때문에 문장과 문장을 연결해 말을 늘리는 수단으로 흔히 이용된다.

먼저 아래 사진기사를 통해 접속사의 기본 개념에 대해 알아보자.

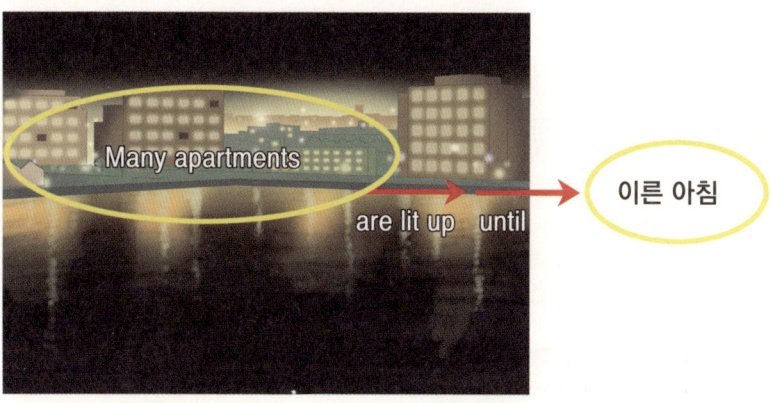

Many apartments are lit up until early morning as koreans watch Olympic games on television.

많은 아파트들 → 불 밝혀지다 → until → 이른 아침 → as → 한국 사람들 → 보다 → 올림픽 경기들 → on → 텔레비전.

주어는 사진에서 정면으로 보이고 있는 많은 아파트들이다. 다음에 '**be +lit**(light의 과거 분사형)'가 이어져 있다. **light**가 '**불 켜다**'인데, **be lit**로써 주어가 힘을 받는 형국이니 **Many apartments are lit up**은 "**많은 아파트들이 불 켜지다**"가 된다.

until early morning

자, 이젠 **until**을 '**~까지**'라고 해서는 안 될 거라는 짐작이 들 것이다. 전치사 **until**은 접속사로도 사용되므로 **until** 뒤에 문장이 오는 경우도 있다. 이럴 경우는 특히나 더, 뒤에 나온 문장을 다 거꾸로 해석한 뒤 **until**을 마지막에 덧붙여 앞의 문장으로 거슬러오자면 허겁지겁해야 할 것이다. 이래서 마냥 영어가 힘들게만 느껴졌던 것이다. 그러나 무조건 영어는 주어에서 순서대로임을 명심하고, 사진을 통해 **until**의 의미를 재발견해보자.

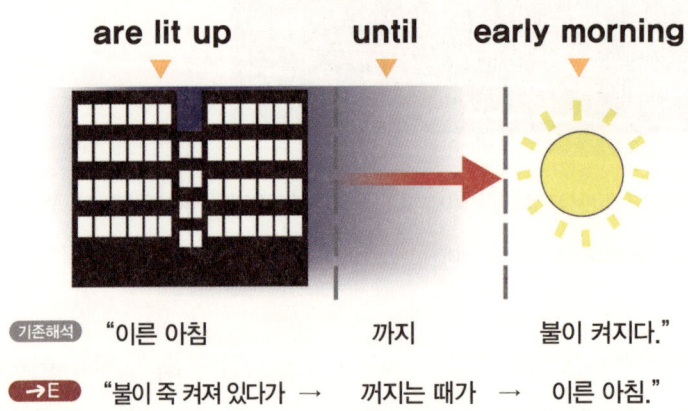

불이 켜진다는 건 날이 어둡다는 건데, until 다음에 '**이른 아침**'이 와 있다. 그렇다면 그림에서 보이듯 순서상으로 "**이른 아침까지 불이 켜지다**"가 맞겠는가, 아니면 "**불이 죽 켜져 있다가 꺼지는 때가 이른 아침**"이라고 하는 것이 더 맞겠는가? 여기서 우리는 until이 앞서 일어난 상황이 죽 지속되다가 끝나는 지점이 언제인지, 어디인지를 설명해주고 있음을 알 수 있다. until은 앞의 동작이 언제까지 진행이 되는지 그 종점을 알려주는 신호라고 보면 된다. until은 onto에서 유래된 말이다. 앞에서 일어난 일이 'on+to' 한다는 것이니 그 의미는 더욱 분명해진다. "**접하여 지속하다 만나는 목적지는~**"이 되는 셈이다. 따라서 until은 "**그 끝에 일어나는 일은~**"이라고 새기면 딱이다.

종종 'Until B, A~'와 같은 형식으로 사용되기도 한다. 이때에도 절대 until을 뒤로 보내 거꾸로 해석하는 일은 이제 없어야 한다. 앞에 아무런 내용 없이 Until이 먼저 오더라도 앞에 어떤 내용이 지속되고 있다는 느낌을 가지고 until을 만나시라.

as Koreans watch Olympic games on television.

새로운 그림이 as를 매개로 하여 이어지고 있는데, 이 as도 until처럼 뒤에 바로 명사가 올 수도 있고 문장이 올 수도 있다. 이때 as를 '~ 할 때'라는 식으로 이해하게 되면, as 뒤에 나오는 문장을 먼저 해석하고 as를 나중에 가져다 붙이는 식으로 이리저리 꼬인 해석이 되고 만다. 그냥 as가 나오자마자 "**같은 것은**(같은 때에 벌어진 일은)~"이라고 이해한 뒤 다음으로 넘어가면 그만이다. as의 기본 개념은 'A=B' 할 때의 =로 받아들이면 된다. 이제 같은 때에 벌어진 일이(as) 무엇인지 보자. **Koreans watch Olympic games on television**, 주어인 '**한국 사람들**'이 보고 있는데 그 대상이 '**올림픽 경기들**'이다. 그리고 그 경기가 면으로 접하는 대상이 '**텔레비전**'이다. 자, 안방에서 TV를 보고 있는 여러분 자신을 떠올려보라.

'**여러분이** → **보고 있고** → **보고 있는 것이 어떤 프로그램이고** → **그 프로그램이 보여지는 면이** → **텔레비전 스크린이다.**'

이렇게 영어는 순서에 죽고, 순서에 사는 언어이다. 그래서 순서만 제대로 맞춰도 훌륭한 영어가 된다. 다시 전체를 정리해보자.

많은 서울 아파트들이 불 밝히고 있는데, 그게 끝나는(꺼지는) 지점이 '**이른 아침**'이다. 이제 as를 통해 이 시점에 벌어지는 일을 살피기 위해 아파트 안으로 시선을 옮겨 보자. 불 켜진 아파트 안에는 '**한국 사람들**'이 보고 있고, 그것이 '**올림픽 경기들**'이며, 그 경기들이 보이는 면을 보니 바로 '**텔레비전**'이다. 이렇게 주어가 바라보는 대상을 설명하는 경우도, 주어 자신에서부터 출발할 경우 가장 가까운 사실부터 나열하듯이, 주어가 가장 먼저 인식하는 부분부터 말한다. 그리고 나서 그 안으로든, 더 세부적으로든 살펴보게 되는 순서로 표현된다. 영어는 이렇게 모든 것을 주어에서 순서대로의 구조로 파악한다는 걸 잊지 말자.

말 늘리기의 기본이라 할 수 있는 접속사의 역할과 의미를 몇 가지 예로 알아보자.

and / or / but

이 세 가지는 그야말로 접속사의 기본 아니겠는가. 각각 '**그리고**', '**또는**', '**그러나**'로 해석하는데, 그렇게 해도 이해하는 데 별 문제가 없다. 다만 **but** 이 '**그러나**'의 의미가 아닐 수 있다는 점은 주의해야 한다. **but**의 물리적 그림을 그려보자면 어떤 전체에서 뭔가를 별도로 떼어놓는 느낌이다. 따라서 **A but B** 하면 '**A에서 제외된 것은 B**'라는 개념을 갖는다.

All are wrong but I.

이걸 "**나 이외는 모두 틀렸다**"라고 한다면, 어순과는 완전히 반대 방향으로 이해하는 것이다. "**모두→이다→틀리다→제외되는 것은→나**"로 물 흐르듯 이해해야 한다.

while

'While 역시 "~하는 동안"이라고 나중에 해석해왔다. while은 "**동시에 일어난 일은**"의 뜻이다. while의 의미를 우선 완전히 이해하고 그 다음 말을

기다려야 한다.

I fell asleep while I was reading.

기존해석 독서하고 있는 동안에 잠들어 버렸다.
→E 나→빠지다→잠→동시에 일어난 일은→나→였다→읽고 있다.

after / before

접속사로 쓰이더라도 전치사로 쓰인 기본개념은 달라지지 않는다.

'A after B' 하면, A가 뒤이고 앞에 있는 것이 B이다. 이 공감각을 시간감각으로 확장시키면 'A가 나중 일이고, 먼저 일어난 일은 B'가 된다

또 'A before B' 하면, A가 앞이고 뒤에 있는 것이 B이다.

이 공감각을 시간감각으로 확장시키면 A가 전에 일어나고, 나중에 일어난 일은 B가 된다. 'After A, B'의 문장은 "A한 후에, B"가 아니라 "먼저 일어난 일은 A, B"이고, 'Before A, B' 하면 "A하기 전에, B"가 아니라 "나중에 일어난 일은 A, B"가 된다. 이 경우는 화자가 일의 전후관계를 중요하게 생각해 문두에 그걸 확실히 말하는 경우다.

I shall arrive after you leave.

기존해석 네가 떠난 후에 도착할 것이다.
→E 나→반드시 하다→도착하다→먼저 일어난 일은→너→떠나다.

말하는 이의 입장에서 보면, 중요하게 내세울 것을 먼저 언급하게 된다는 점을 유념해야 한다. 반드시 도착하게 될 것이라고 먼저 확신을 갖고 나서 after가 어떤 신호를 보내고 있는지를 보는 것이 바른 순서다.

Before he comes here, I must take a train for Seoul.

기존해석 그가 이곳에 오기 전에 나는 서울행 기차를 타야 한다.
→E 나중에 일어난 일은→그→오다→여기, →나→해야만 한다 → 잡다 →한 기차 →포물선이 향하는 목표는 →서울.

나중 일이 앞에 나왔으므로, 쉼표 다음의 문장은 당연히 그 전 일이 될 수밖에 없다.

though

"비록 ~일지라도"라고 하게 되면 ' ~ '에 해당되는 부분까지 기다려야 의미가 파악된다. 그렇게 할 필요가 없다. though는 **'상충되는 두 가지 것'**

이란 의미다. 그냥 though/even though/although가 나오면 전제가 나오고, 그에 대해 반전되는 내용이 이어지겠구나 하고 예상하면 된다.

Though he is poor, he is happy.

기존해석 비록 그는 가난하시만, 그는 행복하다.
 상충되는 두 가지는→그→이다→가난한, →그→이다→행복한.

if

if는 **"가정된 것은/ 조건인 것은"**으로 이해하면 된다. if가 자주 쓰이는 가정법 문장을 예로 들어보자.

1) 가정법 현재 사실의 가정: **if**+과거, 주어+**would**+현재

가정법이란 현재에서 실제로 일어난 사실이 아니므로 현재의 시제를 사용할 수 없다. 그래서 과거의 형식을 빌리게 되는 것이다. if 다음에 과거 시제가 오고, 다음에 따르는 결과의 내용도 조동사의 미래형이 아니라 과거형 조동사 **should, would, could, might**를 사용한다. 그들 조동사들은 다른 힘을 거의 받지 않고 실현가능성 또한 낮은 것들이어서 터무니없는 가정을 표현하는 데 적격이다. 조건인지, 양보인지, 가능성인지 따질 필요 없이

그냥 마음의 확신이 어느 정도인지를 느끼고 거기에 따라 적당한 조동사를 선택하면 된다.

If I were young, I would study hard again.

(기존해석) 만약 내가 젊었더라면, 나는 다시 열심히 공부할 것이다.

(→E) 가정한 내용은→나→였다→젊다, →나→할 것이다→공부하다 →열심히→다시.

2)가정법 과거 사실의 가정: **if+had pp**, 주어+**would+have pp**

과거의 시점에서 가정한 일은 실제로 과거에 일어난 일은 아니므로 과거 이전인 '**대과거**'를 빌려서 사용하고, 다음의 **would** 뒤에도 과거를 사용한다.

If a typhoon had not come at that time, we would not have had it repaired.

(기존해석) 그때 태풍만 오지 않았더라면, 우리는 그것을 수선할 필요가 없었다.

(→E) 가정한 내용은→한 태풍→가졌다→아니다→왔다
→접하는 지점은→그때, →우리→틀림없이 않았을 것이다
→가졌다→그것→수선되다.

unless

많은 사람들이 혼동하는 접속사 중 하나가 바로 unless다. 학교에서는 'if+not'과 같은 **"만약 ~가 아니라면"**의 의미로 배웠을 것이다. 하지만 원어민의 문법책에 보면, **'only if'**나 **'except if'**라고 되어 있다. 이제 unless를 **"예외가 있다면"**이라고 그 자리에서 100% 이해하고 넘어가야 한다.

We cannot understand disease unless we understand the person who has the disease.

기존해석   우리가 병을 가진 사람을 이해하지 못한다면 우리는 병을 이해할 수 없을 것이다.

 우리→할 수 없다→이해하다→병→예외가 있다면→우리→이해하다→그 사람→그 사람→가지다→그 병.

than

He's 10 years older than I.

"그는 나보다 10살 위다"라고 하지 않아야 하는 까닭은, 보다시피 영어의 기본원칙에 따라 문장 자체가 주어가 어떠한가를 먼저 언급하고 난 뒤 비교대상으로 확장되는 구조이기 때문이다. 'A-er than B'를 "B보다 더욱 A 하다"라는 식으로 거꾸로 해석해온 버릇을 버려야 한다. 영어는 분명 A가 먼저이고 than이 오고 그 뒤에 B가 오지 않았는가.

항상 먼저 주어의 입장에서 그림을 그려보아야 한다. "**주어가 더욱 어떠하다. 그리고 비교의 대상은 무엇이다.**" 이러한 표현에서 앞 주어의 상황과 비교를 할 대상을 이끌어내는 도구가 바로 than이라고 이해하면 된다. 어떤 말을 하고 싶으면 먼저 주어가 어떤 상태인지를 말하고, 바로 **than**을 사용해서 비교대상이 무엇인지를 언급하는 식이다. 비교대상이 문장이 될 수도 있고, 또는 단어가 될 수도 있다. 절대 예전 방식대로 비교대상을 먼저 해석하고 than을 '**~보다**'라고 하며 되돌아가 앞의 문장을 해석하는 잘못을 범하지 말자.

There is none other commandment greater than these.

기존해석   이것들보다 더 큰 다른 율법은 없다.
→E   여기 → 있다 → 없는 존재 → 다른 율법 → 크다+더
  → 비교 대상은 → 이것들

greater를 '**더 크다**'라고 해석하지 말라. '**great+er**'이다. 단어 있는 모습 그대로 '**크다+더**'인 것이다. 그리고 나서 저울의 받침대인 than이 오고 반대편의 '**이것들**'이 온다. 머릿속에다 그림을 그려봐라. 이를테면 저울 이쪽에는 '**더 큰 율법**'이 있고, 그 사이에 중간 받침대 than이 오고, 그리고

나서 저울 반대쪽에 '**이것들**'이 놓인다. 이 순서를 그대로 따라가야지, 우리말처럼 "**이것들보다 더 큰 계명들**"이라고 반대로 이해해선 안 된다. 문장이 제시하고 있는 그 순서대로 자연스럽게 그림을 그려라. 그러면 비교급도 자연스럽게 머릿속에서 이해가 간다.

lest

'**A- lest B-**'를 거꾸로 "**B하지 않도록 A하다**"로 하지 말고, "**A 염려되는 바는 B이다**"로 이해해야 한다. 즉, **A**를 먹구름처럼 덮고 있는 염려, 걱정, 근심이 **B**가 되는 것이다. 그리고 염려하고 걱정한다는 사실은 그 일이 일어날 확률이 매우 높다. 그래서 **could**나 **might**가 아니라 **should**를 사용한다.

I was afraid lest she should fail.

기존해석 그녀가 실패하지나 않을까 하고 걱정했다.

→E 나 → 였다 → 걱정하는 → 염려되는 바는 → 그녀 → 당연히 그러할 것이다 → 실패하다.

『'동사+ing, 동사+ed분사, To+동사'로 말 늘리기』

관계사나 접속사를 연결고리로 하여 말 늘리기를 할 경우에는 보통 〈**주어 +동사+대상**〉의 완전한 기본 문장의 형태가 뒤따르기도 하지만, 관계사 또는 접속사, 주어, 조동사가 생략해서 표현하기도 한다. 생략해도 의미의 변화가 없거나, 가장 중요한 본론에 해당하는 단어를 주어와 가까이 놓음으로써 이해의 속도를 높일 수 있다면 과감히 생략해버리는 것이 영어의 간소화 법칙이다.

He was happy because he had a good wife.

이 문장에서 접속사와 중복되는 뒤의 주어(주인공)를 생략하면 **He was happy had a good wife**가 된다. 그런 다음 두 그림이 같은 시제, 즉 과거이므로 had의 시제에 대한 생각도 접어 둔다. 그러면 동사의 시제가 과거인지 현재인지 미래인지를 고려하지 않고, 바라보는 그 시점에서 동작이 어떤 상태인지만이 남는다. 바라보는 시점에서의 동사의 상태가 바로 가장 중요한 본론이다. 즉 이것저것 생각할 것 없이 '**어느 시점에서 동작의 상태가 어떠한가**'만 얘기하면 되는 것이다.

동사를 어떤 시점에서 순간적으로 바라보면 그 시점에서 동작의 가능한 모습은 단 **3**가지밖에 없다.

바로 ① 동작이 진행되고 있는 경우,

　　　② 동작이 이미 완료된 경우,

　　　③ 앞으로 동작을 하려고 하는 경우이다.

바로 이 세 가지 경우를 나타내는 방법이 이제부터 우리가 배우려는 ①동사+ing, ②동사+ed(과거분사형), ③to+동사원형이다.

'He was happy had a good wife'에서 had의 시제에 대한 생각을 접어놓고 보면, 말하는 이가 보기에 '**가지고 있는 그림**'이므로, 'He was happy having a good wife'가 된다. '**그는 행복했어**'라고 한 후 바로 본론으로 들어가 '**좋은 아내를 가지고 있음(having)**'이라고만 해도 이해하는 데 전혀 지장이 없을 뿐더러 듣는 이가 궁금해 할 사항을 바로 언급함으로써 효율적인 의사소통이 가능하다.

이제 명사가 주어로 쓰였건 대상으로 쓰였던 간에 무조건 명사 다음이나, 기본문에 이어서 '**동사+ing**' '**동사+ed**' '**To+동사원형**'의 3가지 형태 중 하나가 나오면, "**아, 본동사가 아니구나, 옆으로 새는 곁그림을 하나 그리는 거구나!**"라고 알면 백발백중이다. 흔히 여기서 문법에 찌든 예전의 습관을 못 버리고 생략된 접속사나 관계사가 무엇인지, 주어와 조동사가 무엇인지 찾아내려고 애쓰는데, 원어민들이 그런 고민 안하고 편하게 쓰려고 없앤 것들을 더군다나 외국인인 우리가 왜 도로 찾아내지 못해 안달하는지 알다가도 모를 일이다. 그냥 쉽고 편하게 만들어놓은 대로 이해하고, 사용하면 된다.

다 생략해도 알 만하니 생략했을 터이니, 생략한 결과치를 가지고 우리라고 이해를 못할 리 만무하다. 곁그림이라는 생각을 가지고서 앞으로 죽 진행을 해나가면, 머릿속에서 정확히 생략된 접속사, 관계사, 주어, 조동사, 시제를 일일이 찾지 않더라도 '**동사+ing**' '**동사+ed**' '**To+동사원형**' 자체만으로 문맥에 의해서 충분히 이해가 된다. 어떤 접속사가 생략되었는지 암기할 필요가 전혀 없다. 그저 뇌의 능력만 믿고 순서대로 이해하고 넘어가면 된다.

동사 + ing

먼저 ~ing가 도대체 무엇인지부터 확실히 짚고 넘어가자. 'He is kind'와 'He is being kind'의 차이는 무엇일까? 'He is kind'는 '**그→이다→친절한**'으로, 존재 자체가 친절하니 평상시 성격 자체가 친절하다는 말이다. 반면 'He is being kind'라고 하면 다른 때는 알 수 없지만 이 시점에서 일시적으로 친절한 것이다. "쟤가 오늘따라 왜 그렇게 친절하지?" 하는 질문이 따를 법한 말이다. 이처럼 '**동사+ing**'는 어느 한 순간에 포착된 동작이다. 마치 움직이고 있다가 마법의 주문으로 순식간에 얼어버린 것 같은 느낌이랄까. 예문을 통해 어떻게 '**동사+ing**'로 말이 확장되는지 살펴보자.

It showed a big tiger eating a rabbit.

→E   그것 → 보여주었다. → 한 큰 호랑이 ↗먹다 ing → 한 토끼.

　

명사에 이어지는 곁그림이다. 명사인 호랑이가 끝난 뒤에 바로 **eat+ing**를 만나자마자 곁그림이 시작된다고 직감하고 바로 호랑이를 기점으로 곁그림을 그리기 시작해야 한다. 절대 수식구조가 아니다. 그냥 호랑이에서 새롭게 주어로 시작해서 '**먹고 있다→한 토끼**'라고 그림을 그려나가면 그만이다.

　

Walking along the street, she met an old friend.

→E   걷다ing → 움직임과 일치하는 것은 → 그 거리,
　　　 → 그녀 → 만났다 → 한 오랜 친구.

　

문장에 이어지는 곁그림이다. **walking**을 만나는 순간 곁그림임을 직감해야 한다. 그냥 '**걷고 있다→움직임과 일치하는 것은→그 거리**'라고 이해를 한 다음 '**그녀→만났다→한 오랜 친구**'의 본그림을 그리면, "**걷는 동안에(while) 만났다**"란 의미가 만들어져서 "**while**"의 느낌이 머릿속에 자연스럽게 형성된다.

동사 + ed

이번에는 기준 시점에서 '**동작이 이미 완료되었음**'을 나타내는 〈**동사+ed**〉를 자세히 살펴보도록 하자.

She could not walk <u>because she was wounded</u> in the legs.
　　　　　　　　　　[관계사/접속사]+주어+be+[동사+ed]

▶ She could not walk <u>being wounded</u> in the legs.
　　　　　　　　　　be+ing+[동사+ed]

▶ She could not walk <u>wounded</u> in the legs.
　　　　　　　　　　[동사+ed]

위와 같이 축약되는 과정을 거쳐 나온 것이 '**동사+ed**'이다. **[관계사/접속사]+주어**는 흔히 생략이 가능하므로 그렇다 치고, 결국 '**being+〈동사+ed〉**'에서 더 간소화된 형태인 것인데, 왜 이렇게 된 것인지 궁금하지 않은가?

먼저 과거분사(**p.p**)를 의미하는 '**동사+ed**'(불규칙 과거분사 포함)가 무엇인지 아는 게 순서다. 사실 그 명칭과 달리 '**과거**'분사는 시제에 대한 개념이 없다. 단지 동작이 이미 완료되었음을 나타낼 뿐이다. 언제 완료되었는지는 주어 다음의 동사 시제로 유추하면 된다. 그런데 가만히 생각해보면 **동사+ed**가 주어 스스로 취한 동작의 완결을 나타낸 것이라면 그렇게 곁그림으로 빠질 이유가 없다. 왜냐하면 주어의 입장에서 보면 이미 완료된 동작은 아무런 의미가 없기 때문이다. 하지만 주어가 다른 대상으로부터 힘을 받은 경우라면 상황은 달라진다. 그 힘이 종료되었다고 해도 그 힘의 결과가 주어한테 남게 되기 때문이다. 가령, 내가 'being wounded(상처입다)' 하게 되면, 그 동작이 종료된 후에도 나에게는 그 힘의 결과가 남게 되어, 상처를 입은 채로 있게 된다. 따라서 곁그림에서 과거분사가 나오는 경우는 앞뒤 볼 필요도 없이 힘을 받은 수동적 상황일 것이므로, 영어의 간소화의 법칙에 따라 being마저 생략해버린 것이다. 예문으로 확인해보자.

I received a letter written in English.

<기존해석>

· 나는 영어로 쓰여진 한 통의 편지를 받았다.

→E
나→받았다→한 통 편지   쓰여졌다→밖에서 둘러싸고 있는 것은→영어.

명사에서 이어지는 곁그림이다. '**I received a letter.**' 하면 그 자체로서 완벽한 기본문인데 목적어 뒤에 뜬금없이 과거분사형인 **written**이 왔다. 바로 목적어를 매개로 새로운 곁그림이 시작된다는 증거다. 여기서는 **letter**가 어떤 동작으로 힘을 받는 느낌을 이해해야 한다.

to + 동사원형

이제 '**앞으로 동작을 하려고 하는 경우**'를 나타내는 〈to+동사원형〉을 살펴볼 차례다.

We must have a house which we can live in.

→E

그집 → 우리 → 가능하다 → 살다.

우리 → 해야만 한다 → 가지다 →한 집

여기에서 **which**로 시작되는 곁그림을 간략히 만들어서 본론에 해당하는 말로 바로 달려갈 수 있도록 만들어보자. 먼저, 생략해도 이해에 지장이 없는 관계사 **which**와 중복되는 주어인 **we**를 생략해보면, **We must have a house can live**의 형태가 된다. 그리고 다음 단계로 본론에 해당하는 **can live**에서 시제를 무시하고, 그것을 표현할 방법을 생각해보자. **can live**는 '**할 수 있다+살다**'의 의미로 현재진행중인 동작도 아니고, 이미 완료된 동작도 아니다. 단지 '**앞으로 일어날 가능성이 있는 동작**'이다. 앞으로 일어난다? 죽 가면 일어난다? 어딘지 낯익은 개념이 아닌가? 아마 이 책을 꼼꼼히 읽어온 독자라면 **"설마 to?"** 하고 찍어보는 분도 계실지 모르겠다. 딩동댕!

to의 기본 개념이 무엇인가? 바로 **"죽 이어져 도달하는 지점은"**이다. 그래서 목표를 향한다는 의미로 → 모양을 생각하면 **'딱!'**이라고 했던 말이 기억날 것이다. to 다음에 동사를 쓰게 되면 to라는 화살표를 지나 동사에 이르게 된다. 결국 to 다음에 동사가 쓰일 경우는, 다음에 오는 동작이 일어나기까지 시간 간격을 가지고 있음을 나타내게 되어, 앞으로 일어날 동작을 의미하게 된다. 따라서 **'앞으로 일어날 가능성이 있는 동작'**이나 **'앞으로 일어날 동작'**의 경우 〈to+동사원형〉을 사용할 수 있다. 이렇게 해서 We must have a house can live는 간소하게 We must have a house to live로 표현될 수 있다.

그런데 〈to+동사원형〉 자체만으로 시제를 알 수는 없다. 단지 기준이 되는 시점에서 앞으로 벌어질 동작이라는 것만 나타낼 뿐이다. 그래서 과거의 시점에서 바라보면 현재나 미래에 일어날 동작이 될 수도 있으며, 현재 시점에서 바라보면 미래에 일어날 동작이 된다. 이제부터 〈to+동사원형〉을 만나게 되면, 그냥 간단하게 **'앞으로 일어날 일'**, **'앞으로 일어날 가능성이 있는 일'**이라고 이해하면 그만이다. 예문을 살펴보자.

He has no friend to help him.

→E
그 → 가지다 → 없다 → 친구 ↑(앞으로 일어날 일은)→ 도와주다 → 그.

기본문의 명사를 매개로 곁그림이 그려지는 문장이다. 바로 '**to+ 동사원형**'이 오니까 주격 관계사가 생략되었음을 알 수 있다. 그러면 "**친구→돕다**"가 되니까 당연히 도와줄 가능성을 표현하는 게 아니겠는가? 자연히 'who will'의 의미가 떠오를 것이다. '**간격**'만 인식하고 있으면 나머지는 자동으로 해결된다.

Tom left early to be on time.

→E 탐 → 떠났다 → 일찍 ↗이다 → 제시간.

문장에서 이어지는 곁그림이다. 일찍 떠나서 제시간에 맞춘 건지, 제시간에 맞추려고 일찍 떠난 건지는 알 수 없다. 하지만 분명한 것은 목표점과의 간격(→)이다. 동작이 끝나 결과가 될지, 아니면 진행만 될지는 문맥에 의해 결정된다. 우리에게는 쉽지 않은 것처럼 느껴지지만 원어민의 입장에서는 간단하면서도 다양한 뜻을 내포하니 무척 쉽고 유용한 말이 된다. 문법 따지려 하지 말고 원어민처럼 영어의 흐름에 몸을 맡겨라.

사역동사
지각동사 + 원형
감각동사

한 가지 궁금한 것을 짚고 넘어가자. 위에서 보았듯 목적어의 곁그림에 to가 끼는 이유는 목적어가 움직이기까지는 간격이 필요하기 때문이다. 그런데 학교 다닐 때 to가 없이 동사원형이 오는 동사들이 있다고 배운 것을 기억하는가? 아무리 졸업한 지 오래되었어도 어렴풋이나마 "**지각동사, 감각동사, 사역동사 뒤에서는 to가 생략되어 동사원형이 온다**"는 말이 기억날 것이다. 이것도 →E 관점에서 보면 단번에 해결된다. 그것도 아주 간단하게.

I see her go out.

→E 나 →보다 → 그녀 ↗가다 → 밖으로.

'I see her'가 본그림이고 'go out'이 곁그림인데, 동사원형의 형태로 이어진다. 이는 her에서부터 go out까지 진행이 되는 데 간격이 없음을 나타낸다. 내가 그녀를 볼 때는 그녀가 외출하고 있는 동작이 취해지는 그 순간이기 때문에 주어와 동사 사이에 간격이 있을 수가 없다.

I felt the house shake의 경우도 동일하다. 집이 흔들리는 걸 나중에 느끼는 건 아니다. 흔들리는 그 순간에 느끼는 것이다. 그래서 간격이 포함된 to가 사용되지 않은 것이다.

『'전치사+명사'로 말 늘리기』

접속사와 전치사는 둘 다 연결 고리로서의 역할을 한다. 다른 점은 접속사 뒤에는 문장이 연결 되고 전치사 뒤에는 명사가 연결된다는 점이다. 이런 특성을 이용하면, 접속사 대신 전치사를 사용하여 문장을 더욱 축약하여 명사화할 수도 있다. 이 또한 영어의 간략화, 경제화 성향을 반영한 것이라 할 수 있다. 그런데 접속사 대신 전치사가 사용된다고 할지라도, 전치사는 절대로 기존의 기본 의미에서 변형되지 않는다. 또한 같은 접속사라 할지라도 내용에 따라 여러 다양한 전치사로 대체될 수 있다.

접속사를 전치사로 대체할 때 유의할 점은, 전치사는 두 개의 물체가 중심으로 앞뒤 문장을 물리적인 관계로 생각해보아야 한다는 말이다. **because**를 예로 들어 설명해 보겠다.

because의 의미는 '**원인은 ~**', '**이유가 되는 바는 ~**'이다. 따라서 **"원인과 결과"**의 물리적, 위치적 관계를 고민하면서 다음 사항들을 생각해볼 수 있다.

1) 원인을 나타내는 가장 직접적인 전치사는 **for**이다. **for**가 누구 탓인지를 나타낼 때도 그 대상을 가리키는 포물선의 이미지로 기억된다는 점을 앞에서 배운 바 있다.

2) 원인과 결과는 항상 함께한다. 따라서 **"함께 하는 것은 ~"**의 뜻을 가진 **with**가 사용될 수 있다.

3) 원인은 결과에 대해 배경과 같은 역할을 할 수도 있다. 그래서 **"안에 있고, 밖에서 둘러싸고 있는"** **in**도 가능하다.

4) 원인과 결과는 딱 붙어 다닌다. 그래서 **at**도 가능하다.

5) 또한 무엇으로부터 비롯되었는지 그 원인을 출처와 같이 생각해보면 **out of**도 가능하다.

6) 원인이 짓누르는 느낌이 있다면 위에서 덮고 있는 **under**도 가능하다. 이를 토대로 문장을 변환하면 다음과 같은 문장들이 가능하다.

He was absent because he was sick.

→E　그 → 였다 → 결석한 → 원인은 → 그 → 였다 → 아픈.

He was absent for his sickness.

→E　그 → 였다 → 결석한 → 포물선이 향하는 목표는 → 앓음.

He bought a car because it was necessary.

→E　그 → 샀다 → 한 → 차 → 원인은 → 그것 → 였다→필요한.

He bought a car out of necessity.

→E　그 → 샀다 → 한 → 차 → 빠져나온 영역은 → 필요.

He collapsed because he was strained.

→E　그 → 쓰러졌다 → 원인은 → 그 → 였다 → 긴장되다.

He collapsed under the strain.

→E　그 → 쓰러졌다 → 위에서 덮고 있는 것은 → 긴장.

　접속사 대신 전치사를 쓴 문장들을 보면 그 간결하면서도 함축적인 표현 방식을 느낄 수 있을 것이다. 이런 특징 때문에 주로 글을 쓸 때 자주 사용한다는 점도 참고로 알아두기 바란다.

CHAPTER 5

애로우 잉글리시로 영어를 완성하라

5
애로우 잉글리시로 영어를 완성하라.

『영어는 주어에서부터 순서대로 그려지는 동영상이다.』

영어다운 영어를 한다는 것은 대단한 것도, 어려운 것도 아니다. 영어회화나 영작이 우리말 문장을 토씨 하나 안 바꾸고 옮기는 것이 아니다. 먼저 내가 표현하고자 하는 내용을 머릿속에 영상으로 재구성해보고, 그 영상을 주어에서부터 가까운 순서대로 차근차근 한 단어 한 단어 늘어놓는 식으로 말하면 된다. 사실 여러분이 기존에 암기했던 숙어들도 모두 영미인들이 그런 표현을 즐겨하기 때문에 만들어진 말이다.

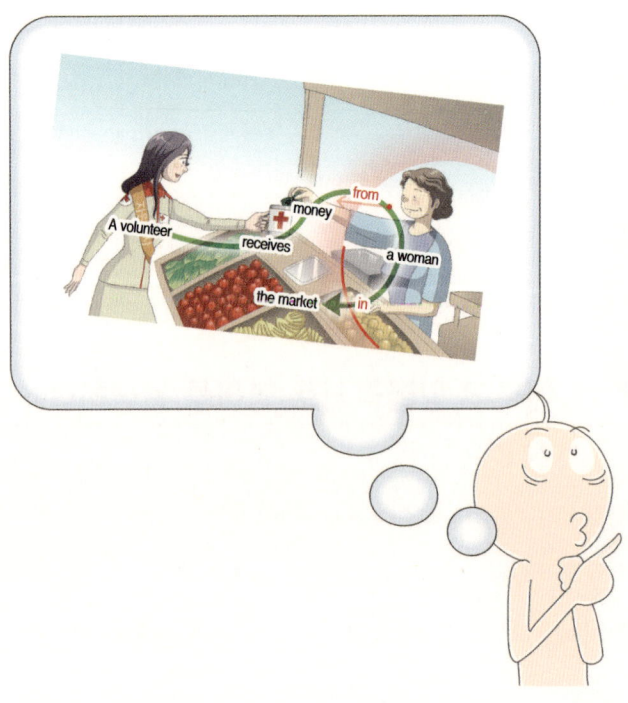

원어민식 이해, 즉 애로우 잉글리시적 이해의 근본 원리는 본그림과 곁그림을 순리적 언어감각에 의해 나오는 대로 한마디씩 자연스럽게 읽어가면서 그림을 그려 나가는 것이다.

그게 전체 흐름 파악을 훨씬 용이하게 만든다. 그렇게 하다 보면, 영어 읽기 속도가 빠르게 증가되며, 듣기와 말하기, 쓰기까지 한꺼번에 실력이 는다. 다시 한번 강조하고 싶은 것은, 본그림 그리기와 곁그림 그리기 방식을 통해 자연스럽게 단어가 나열된 순서대로 이해해가는 것이며, 이는 한 단어 한 단어를 원어민의 언어사고대로 주어에서부터 순서대로 차근차근 나아가는 원리를 터득함으로써 가능하다는 것이다.

그렇다면, 더 배울 게 없어 하산하는 단계는 어떤 경지인가? 바로 이런저런 계산 없이 무심코 읽어나가는 중에 자연스럽게 본그림 그리기와 곁그림 그리기 두 감각이 어우러지는 것이다. 이렇게 되어야만 실전에서 내용만 신경을 쓰면서 영어로 생각하고 영어로 대화할 수 있다.

그렇게 하다 보면 영어 읽기 속도가 빠르게 증가하며, 듣기와 말하기, 쓰기까지 한꺼번에 실력이 늘게 된다.

이는 한 단어 한 단어를 원어민의 언어사고대로 주어에서부터 순서대로 차근차근 나아가는 원리를 터득함으로 가능한 것이다.

『사진기사로 영어 체질 바꾸기』

처음에는 영어 문장만 읽어 나가면서, 머릿속에다 순서대로 그림을 그린다는 것이 쉽지 않다. 그러나 어떤 말을 할 때, 먼저 머릿속에는 순간적으로 관련된 그림이 그려지면서 그 그림에 대해 표현하게 되는 것이다. 이렇게 물리적인 동작이나 장면으로써 그림을 그려나가는 훈련을 하다보면 추상적인 내용까지도 어렵지 않게 그림으로 떠올릴 수 있게 된다.

단어 공부나 내용 파악이 우선이 아니다. 영어가 운용되는 원리, 즉 영어의 어순구조를 익히는 게 핵심이다. 그래서 잘못 배어 있는 우리의 영어 체질을 바꾸어야 한다. 이미 배경을 잘 알고 있는 사진기사들이 영어 자체를 익히는 데 훨씬 더 도움이 된다. 처음에는 국내 기사나 익숙한 내용의 사진기사를 가지고 공부하는 것이 훨씬 더 효과가 크다.

〈영자신문의 사진기사 매일 접하기〉

가급적 국내 영자신문을 하나 정기 구독하는 게 바람직하다. 돈을 지불하고 나면 의무감도 생긴다. 하다못해 눈앞에 자꾸 신문이 쌓여 가면, 부담이 되어 최소한 구경이라도 하게 되지 않겠는가. 사진기사라면 어느 것이든 상관은 없지만, 처음에는 그 내용이 상대적으로 익숙한 것들이 많은 국내 영자신문이 좋다. 인터넷을 통해 외국 통신사나 신문사의 사진기사 자료를 구하는 방법도 있다.

영자 신문을 보다 보면 사진기사뿐만 아니라 좋은 광고들도 만나게 된다.

광고대행사의 카피라이터들이 고민에 고민을 거듭해 카피를 만들어내기 때문에 사진이나 그림과 함께 등장하는 광고 카피는 좋은 학습 도구가 된다.

〈사진기사 이해하기〉

① **사진기사의 단어 순서대로 사진과 맞춰 보기:** 먼저 주어가 무엇인지 파악하고, 사진에서 주어를 찾는다. 주어에서부터 차근차근 단어가 나열된 순서대로 사진과 맞추어 나간다. 펜으로 사진에다가 문장 진행의 순서대로 표시를 해나간다. 앞서 이 책에서 익혀온 대로, 본그림에서 곁그림이 그려지는 시점에서는 재빠르게 주어의 시선 이동 훈련이 이루어져야 한다. 주어에서 확장해 나가는 것이 원칙이므로 주어에 따라 여러 장의 그림이 만들어질 수도 있다. 사진은 한 장이지만 단어에 따라 그림을 그려가는 가운데 한 장의 사진 안에서 여러 장의 작은 그림들로 나누어져 순서대로 그려질 수 있다. 이때 일단 대충의 의미를 알겠다 싶으면, 모르는 단어가 있다 하더라도 바로 사전을 찾아서는 안 된다. 먼저 기사 전체를 보면서, 기사 순서대로 어떻게 그림이 확장되어 나가는지를 익히는 것이 급선무다. 이 '감'을 익힌 뒤 사전 없이는 파악되지 않는 단어만 사전을 찾는다.

② **내용 파악하기:** 사진과 같이 주어에서부터 나열된 단어의 순서대로 그림이 그려진다는 건 곧 내용을 파악했다는 얘기다. 사진 기사의 문장을 우리말 문장으로 깔끔하게 번역해야 한다는 강박관념은 버려야 한다. 무얼 말하고자 하는 내용인지만 파악하면 된다. 이 대목에서는 앞서 익혀온 기

능어들이 큰 도움이 될 것이다. 이 과정에서는, 불투명한 자 같은 것으로 기사의 첫 단어만 보이게 한 상태에서 뒤로 한 단어씩만 더 보이게 해가는 식으로 나아가며 보인 단어까지는 반드시 해석을 해나가는 습관을 들인다. 절대 아직 보이지 않은 뒤의 단어를 끌어다가 해석하지 않아야 한다.

③ **복기하기:** 먼저 사진을 가려놓고 그 아래 기사를 한 단어씩 읽어가면서 동시에 머릿속에 그 순서대로 사진 기사의 그림을 떠올려간다. 그렇게 하여 온전한 그림이 만들어지면, 다음엔 반대로 기사를 가려놓고 사진만 보면서 순서대로 기사문을 만들어내 본다. 이를 번갈아 반복하며 그림과 기사가 온전히 머릿속에 그려지고 만들어지는지 스스로 테스트한다. 이때 단/복수나 부/정관사 등에서 조금 틀리는 것에 너무 집착하지 않아도 된다.

〈말해보고 들어보기〉

① 사진만 보면서 기사문을 주어에서부터 순서대로 말해본다. 모르는 발음은 사전에서 찾거나 인터넷 사전의 도움을 받아 해결한다. 시간이 걸려도 상관없다. 중요한 것은 문장을 암기하지 않고, 그림만 생각하면서 순서대로 단어를 내뱉는다는 것이다. 절대 암기가 아니다. 앵무새처럼 어떤 문장을 암기했다가 뱉어내서는 안 된다. 주어에서부터 사진 순서대로 말을 하는 훈련이다. 그렇기 때문에 그냥 문장만 복기하는 것은 절대 금물이다. 반드시 사진을 보면서 머릿속에서 순서대로 차근차근 그림을 그려가면서 해야만 한다.

② **자신이 익힌 기사문을 스스로 녹음한다.** 그걸 들어보면서 머릿속에 사진을 떠올린다. 자신의 발음이 형편없다고 생각되어도 괘념치 말라. 현재 얻고자 하는 학습 목표는 단어가 글자가 아닌 소리로 지나갈 때 머릿속에 순서대로 그림이 그려지게 하는 것이다. 같이 공부하는 사람이 있다면 서로 읽어줘라. 그리고 얼마나 순서대로 이해하는지 확인해본다.

③ **사진을 보자마자 바로 말이 입에서 거침없이 나갈 때까지 연습한다.** 잘 되지 않으면, 다시 이해하기로 돌아가서 사진과 기사를 순서대로 차근차근 맞추어가는 훈련을 반복한다.

〈말 만들기 훈련 병행하기〉

어느 정도 익숙해졌다고 생각되면 말 만들기 훈련을 병행하는 게 좋다. 그날 익힌 사진기사문에서 기능어만 남기고 그 내용어 부분을 우리말로 대체해도 좋고, 자기가 아는 쉬운 영어단어로 대체해서 다양하게 응용해보아도 좋다. 해당 사진기사가 담고 있던 어순 구조를 떠올리며 그대로 따라가면서 단순히 내용어만 바꿔 다양한 문장을 만들어 보는 것이다. 혼자 영어를 가지고 즐기며 노는 것으로 이해하면 된다.

① **그날 익힌 사진기사문의 등장인물이나 지명들을 자신이 아는 사람이나 단어로 바꿔본다.** 이게 별것 아닌 것 같아도, 사람은 자기 경험과 접목된 것을 더욱 잘 기억한다는 점에서 유용한 훈련법이다. 사진의 내용이 마치 내 주위에서 일어나는 것과 같은 간접 경험을 한다.

② **이번엔 익힌 사진기사문에서 기능어만 살린 채 나머지를 모두 우리말 단어로 대체해가며 다양한 상황을 표현해본다.** 사진기사문이 담고 있는 어순 구조를 활용하는 것이므로 내용어를 우리말로 한다 해도 얼마든지 학습효과가 있다. 이번에도 자신이 처한 상황이나 경험을 대입해보면 더 효과가 크다.

③ **자신이 설정한 상황을 표현한 우리말 문장에서 내용어 부분을 자기가 아는 쉬운 영어단어들로 대체해본다.** 그런 뒤 최초 사진기사문과 어순 구조를 비교해본다.

다음 페이지에 나오는 사진기사 예제를 참조하자.

U.S. Air Force Capt. Christopher Stricklin ejects from a USAF Thunderbirds aircraft less than a second before it crashed into the ground at an air show at Mountain Home Air Force Base, Idaho, Sept. 14, 2003. Stricklin, who was not injured, ejected after guiding the jet away from the crowd of more than 60,000 people and ensuring he couldn't save the aircraft.

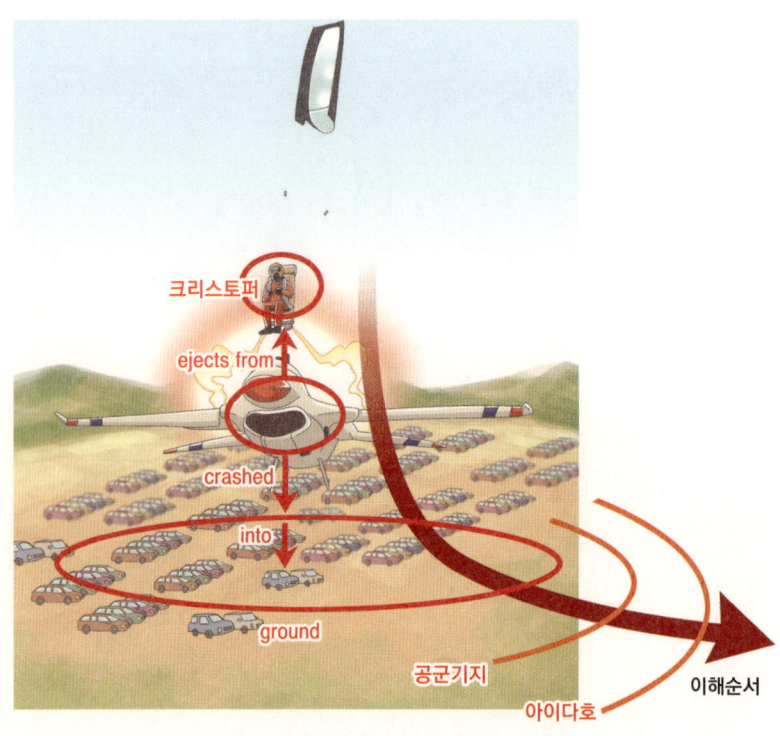

미공군 대위 크리스토퍼 스트릭클린→튕겨져 나오다→(from 출발점은)→한 미공군 선더버드 비행기→더 작음→(than 비교 대상은)→1초→(before 앞/뒤에 있는 일은)→이것→추락했다→(into 안으로 들어가보니)→지상→(at 접한 대상은)→한 에어쇼→(at 접한 대상은)→마운틴 홈 공군기지, 아이다호, 9월, 14일, 2003년. 스트릭클린, 그→였다→아니다→부상당하다, 튕겨져 나오다→(after 뒤/앞에 있은 일은)→조종하다→제트기→떨어져 감→(from 단절 대상은 (출발점은))→군중→(of 밀접한 관계는)→더 많음→(than 비교 대상은)→60,000 사람들 그리고→확신하다→그→가능하다→아니다→구하다→그 비행기.

미 공군 대위 크리스토퍼 스트릭클린이 주어이다. 그가 튕겨져 나온다. 어디로부터인지 보았더니 한 미공군 선더버드 비행기. 그게 더 적은 시간이었는데, 비교 대상은 1초이다. 그리고 난 뒤 벌어진 일은(**before**는 '**그리고 난 뒤 벌어진 일은**'으로 이해해야 한다.) 비행기가 추락했다. 처박힌 곳은 지상이며, 접한 곳은 한 에어쇼이고, 그 에어쇼가 접한 곳은 마운틴 홈 공군기지이다. 아이다호 주이고, **9월 14일 2003**년이다.(장소가 지상-에어쇼-마운틴 홈 공군기지-아이다호 주로 확장되는 구조를 느끼자.)

자, 보다시피 스트릭클린이 주어로 나오자마자 관계사 **who**를 사용해서 바로 곁그림을 그리고 있다. 위에 그린 것처럼 옆으로 빠지는 그림을 따로 하나 그린다고 보면 간단하다. 옆으로 빠져 나온 그림 안에서도 주어에서부터 순서대로 이해하면 그만이다. '**그→였다→아니다→부상당하다**'라고 이해하고, **ejected**를 만나 다시 본그림이 시작된다. 튕겨져 나왔고, 그 전에 일어난 일은(**after**가 '**~ 후에 일어난 일은**'이 아니다. 앞에서부터 순서대로 이해를 해서 '**먼저 일어난 일은 ~**'이 되어야 한다.) '**조종하다**'이다. 그런데 여기에 **-ing**가 붙었다. 이것은 바로 동사 앞에 뭔가 생략되었다는 신호다. 조종한 대상은 제트기이며, 그 결과 멀리 떨어져 나왔는데 그게 어디로부터인가 보았더니 군중들이고, 군중들은 더 많은 수였는데 비교대상은 **6만** 명이었다. 그리고 확신했다. 그가 '**할 수 없다→구하다→그 비행기**'이다.

위 그림에 덧칠한 화살표들을 보라. 이렇게 사진기사를 보면서 사진에 바로 순서대로 그림을 그려보자. 주어에서부터 순서대로 그림이 그려짐을 확인하게 되고, 그 그림이 주어에서부터 동영상처럼 머리에 순서대로 남게 될 것이다.

『TV 뉴스로 학습하기』

이제 애로우 잉글리쉬의 뼈대에다 싱싱한 살을 붙이는 단계이다. 뉴스, 특히 영상 이미지가 동반되는 **TV 뉴스**는 사진기사 활용법의 업그레이드 버전으로 손색이 없다. 시사적이고 다양한 분야의 내용을 매일 매일 접할 수 있는데다, 뉴스에서 구사되는 문장은 매우 표준적이고 정확하다. 더구나 사람에 따라 다를 수 있는 어투 등으로 인한 학습 장애가 매우 적기 때문에 학습 효율이 높다. 현실에서야 사람들이 뉴스 앵커처럼 훌륭한 문장과 정확한 발음으로만 말해주는 게 아니지만, 그런 상황에 대한 적응력도 우선은 이 단계를 거치면서 만들어지는 것이다.

〈교재 선택〉

① **우선 국내에서 제작하는 〈아리랑 TV 뉴스〉를 권한다.** 인터넷상에 동영상뿐 아니라 기사 스크립트도 제공되기 때문에 매우 유용하다. 이는 국내 영자신문으로 사진기사 활용법을 시작하는 것과 같은 이유에서다. 이것이 어느 정도 익숙해진 다음, 영미권에서 제작되는 **〈AP 뉴스〉〈CBS 뉴스〉〈PBS 뉴스〉** 등으로 옮겨가는 것이 좋다.

② **무리하지 말고 매일 한 편의 VOD 뉴스만으로 시작해라.** 매일 제공되는 뉴스들 가운데 가급적 기자나 앵커의 멘트와 동시에 영상 이미지가 전개되는 것을 한편 고른다.

〈전체를 즐기면서 여러 번 본다〉

① **우선은 영어의 소리에 집중한다.** 머리가 아닌 몸으로 영어의 소리를 받아들이자. 초조해 하지 말고 흘러나오는 소리에 몸을 맡겨라. 처음엔 일부러 귀를 기울여 들을 필요도 없다. 마치 배경음악이라도 듣는 기분으로 여유를 갖고 기분 좋게 들어라. 이제 영어를 외국어가 아닌 음악이라 생각해라.(음악 듣듯이 듣지만 졸거나 몽롱한 상태에서 들으면 효과가 없다. 집중이 안 될 경우는 헤드폰을 이용한다. 귀를 쫑긋 세우고 소리를 즐겨라. 집중이 잘 안 되면 볼륨을 더 올린다.)

② **절대 지나간 소리에 미련을 두지 말라.** 순간순간 들리는 소리에만 관심을 가져라. 즐기는 마음으로 웬만한 소리는 다 들릴 때까지 반복해서 보고 듣는다. 이때 해석하려고 하지 말라. 안 들리는 부분도 그냥 음악 듣듯이 아무 생각 없이 듣는다. 이해를 하면서 들으려 하지 말라는 말이다. 모르는 말이 나와도 그냥 모르는 대로 편안한 마음으로 들어라. 이해하기 위해 듣는 것이 아니라 지금은 '**소리**'에 익숙해지기 위해 듣는 것이다. 리듬에 몸을 맡기고 영어 소리가 자연스럽게 느껴질 때를 기다린다.

③ **몇 번 반복하다 보면, 이해는 되지 않더라도 웬만한 소리는 다 들린다.** 처음에는 빠르게만 느껴지던 기자나 앵커의 멘트들이 영어가 가지는 특유의 리듬과 억양, 강약 패턴에 익숙해지고 나면 속도감이 덜해진다. 영어를 애써 들으려고 노력하지 않아도 영어 소리가 다가오는 느낌이 든다.

〈못 들은 소리 확인 및 반복 연습〉

① 이제 뜻은 정확히 몰라도 소리는 웬만큼 들릴 것이다. 그런데 아무리 들어도 들리지 않는 소리가 있다. 그럴 경우엔 무턱대고 반복하지 말고 스크립트를 보며 점검한다. 자신이 들을 내용과 실제 스크립트를 대조해가며 비교 점검한다. 연음되거나 또는 거의 생략에 가깝게 발음되거나 아주 모호해서 음절이 정확히 구분되지 않아 잘 들리지 않은 단어들을 확인할 수 있을 것이다.

② 그렇게 확인한 부분들을 집중적으로 반복해 듣는다. 이런 대목에서 나타나는 소리의 특이한 현상에 대해서는 이런저런 설명을 많이 듣는 것보다 실제 이렇게 경험해보는 것이 훨씬 학습에 효과적이다.

③ 스크립트와 대조해 제대로 듣지 못한 것으로 확인된 대목들은 다시 들으면서 입으로도 반복해서 따라 말해본다.

〈내용 이해〉

① **반드시 애로우 잉글리시 방식대로 이해하도록 노력해야 한다.** 앞에서 했던 사진기사 활용법을 적용해 뉴스에서 제공되는 동영상을 가지고 내용 파악을 시도한다. 모르는 단어가 중간에 끼더라도 일단은 '**대충 집작**'해가며 최대한 이해해보도록 한다. 단어가 나오는 순서내로 그림을 만들어가며 이해해가는 애로우 잉글리시 방식에선 이 '**대충 집작**'이 다른 학습법의 경우보다 훨씬 효과적으로 발휘되는 효과를 얻을 것이다.

② **내용 파악을 결정적으로 방해하며 마지막까지 저항하는 단어들은 사전에서 찾아본다.** 그런 뒤 한 문장 단위로 완전한 내용 이해를 완료한다.

③ **이렇게 내용 이해가 끝난 문장은 이해로만 그치지 말고, 그 문장을 보자마자 온전한 하나의 그림이 머릿속에 담아지도록 스크립트를 반복 훈련한다.** 마찬가지로 앞에서부터 한 단어씩만 보이도록 가려가며 나오는 순서대로 머릿속에 그림을 그려가 보도록 한다. 이때 뉴스의 동영상을 장면별로 끊어서 마치 사진기사 활용법의 경우처럼 해나가는 것도 한 방법이다. 그리하여 이젠 스크립트를 읽자마자 바로 머릿속에 그 어순대로 그림이 그려질 수 있어야 한다.

〈듣기와 말하기〉

① **이미 다 이해한 문장이라고 우습게보면 안 된다.** 애로우 잉글리시 원리에 따라 순서대로 그림을 그릴 수 있게 된 내용을 원어민의 말하기 속도를 따라 이해하는지 확인한다. 이때 절대로 무작정 듣는 것이 아니다. 시중에 나와 있는 여타 방법들처럼 무한 반복을 통해 머리에 입력되기를 바라는 것이 절대 아니다. 능동적이고 의식적으로 애로우 잉글리시 방식에 따라 그린 그림을 되새김면서 훈련한다. 이렇게 반복하다 보면 몇 번 하지 않아서 듣자마자 그림이 머리에 그려질 것이다.

② 이러한 되새김질 훈련을 몇 번 되풀이함으로써 무의식중에 들어도 우리말을 듣듯이 바로 내용이 머리에 그려지도록 한다. 새롭게 익힌 단어들 또한 따로 암기할 필요 없이 자연스럽게 머리에 입력된다. 물론 한국어 의미가 아니라 영어식으로 바로 그림이 그려지면서 말이다.

③ **이젠 반대로 해본다. 동영상의 장면들을 떠올리며 주어에서부터 순서대로 단어를 말해본다.** 시간이 걸려도 상관없다. 중요한 것은 문장을 암기하지 않고, 장면만 생각하면서 순서대로 단어를 내뱉는다는 것이다.

④ **개별 단어의 발음보다 억양과 강세가 중요하다.** 그래서 문장 단위로 연습해야 한다. 정확한 강세와 억양과 속도를 정확하게 느끼면서 원어민의 말소리와 비슷해질 때까지 흉내낸다. 그리고 이를 녹음해서 원어민의 발음과 비교해본다. 쑥스럽기도 하겠지만 자신의 현재 상태를 확인하는

가장 좋은 방법이다.

⑤ **장면을 생각하자마자 말이 저절로 입밖에 나갈 경지까지 해본다.**
계속하다 보면 마치 노래처럼 입에 붙는 느낌이 든다. 원어민의 발음을 따라서 연습한 문장들이 입에 계속 쌓이다 보면 결국, 공부하지 않았던 문장도 원어민의 발음으로 말할 수 있는 소리 활용 능력이 생기게 된다.

『영화와 드라마로 학습하기』

영화나 드라마는 재미도 있거니와 다양한 원어민들의 소리를 들으며 학습할 수 있다는 점에서 더 없이 좋은 교재이다. 특히 일상생활에서 흔히 사용되는, 너무나 익숙해서 너무나 빠르게 구사되는 기본 동사와 전치사 활용을 많이 접할 수 있다. 또한 일상 회화뿐만 아니라 시각적 요소를 통해 그들의 제스처, 표정, 더 나아가 총체적 사고방식과 문화를 익힐 수 있는 좋은 방법이다.

사실 미국인들과 함께 생활을 한다고 해도 하루 종일 쓰는 말은 거의 뻔하기 때문에, 일부러 신경을 써서 공부하지 않으면 일상 영어 수준을 벗어나는 좀 심각한 내용의 대화는 소화하기가 힘들다. 그러나 영화나 드라마를 가지고 공부하면 다르다. 무엇보다도 장면이 동반되므로, 배우들의 연기를 보며 자연스럽게 간접 경험의 효과를 얻을 수 있다.

구체적인 학습 방법은 위에서 제시한 **"TV 뉴스로 학습하기"**의 것과 대동소이하므로, 여기에서는 교재의 선택을 위한 정보와 활용법만을 살펴보도록 하겠다.

〈교재 선택〉

학습용으로는 액션이 너무 많이 나오거나 에로틱한 영화보다는 **'보통 사람들'**의 얘기를 다룬 대사가 많은 영화가 좋다. 어린이들이 보는 만화영화도 좋지만, 만화라 해서 만만히 보고 덤벼들면 큰코다친다. 자신의 취향에 따라 어떤 영화를 골라도 상관은 없지만, 한 편의 영화라도 끝까지 해내는 게 중요하다. 필자는 다음과 같은 영화들을 추천하고 싶다.

-니모를 찾아서 (Finding Nemo)
-미녀와 야수 (Beauty and the Beast)
-인어공주 (The Little Mermaid)
-크레이머 대 크레이머 (Kramer Vs. Kramer)
-굿윌헌팅(Good Will Hunting)
-해리가 샐리를 만났을 때(When Harry Met Sally)
-귀여운 여인(Pretty Girl)
-노팅힐 (Notting Hill)
-내 남자 친구의 결혼식(My Best Friend's Wedding)
-대통령의 연인(The American President)
-스텝맘(Stepmom)

-시애틀의 잠 못 이루는 밤(Sleepless in Seattle)

-쇼생크 탈출(The Shawshank Redemption)

-유브 갓 메일(You've Got Mail)

-죽은 시인의 사회(Dead Poets Society)

-포레스트 검프 (Forrest Gump)

-캐치 미 이프 유 캔 (Catch me if you can)

-제리 맥과이어 (Jerry Maguire)

-10일 안에 남자친구에게 차이는 법 (How to Lose a Guy in 10 Days)

-흐르는 강물처럼 (A River Runs Through it)

-미세스 다웃파이어 (Mrs. Doubtfire)

-데이브 (Dave)

요즘은 서점이나 인터넷 사이트만 뒤져도 영화 대본을 쉽게 구할 수 있다. 인터넷 검색 사이트에서 **'영화 대본'**이라고 치면 다양한 사이트에 접속이 가능하다. 또 영화나 드라마로 영어 공부하는 인터넷 동호회에 가입한 후 자료실에 가면 좋은 자료들이 지천으로 널려 있다.

〈활용하기〉

① **처음엔 뭘 배워야겠다는 생각을 버리고 영화를 편하게 감상한다.** 이때 주의할 점은 자막은 보지 말아야 한다는 점이다. 처음엔 무슨 말인지 잘 모르고 소리도 들리지 않을 것이다. 하지만 뉴스를 공부할 때와 마찬가지로 소리에 집중해서 여러 번 보면 영어의 소리가 음절 단위로

떨어져서 점차 잘 들리기 시작할 것이다.

② **이제 영화를 10분 내외의 단위로 나눈 뒤, 그 10분 분량을 하루 학습량으로 정한다.** 시간이 충분치 않다면 5분 단위로 끊어도 무방하다. 사실 5분 동안 배우들이 떠들어대는 소리의 양도 생각보다 많을 수 있다. 그리고 글 한 편을 문단별로 나누듯이, 그 **10분** 분량을 장면 전환이 이뤄지는 단위별로 다시 나눈다. 이제 그 소단위별로 위에서 익힌 뉴스 활용법을 적용해 연습한다. **CD, DVD, 비디오 테이프** 모두 멈춤 기능을 잘 활용해 정지화면을 대본과 비교해봄으로써 사진기사 학습과 동일한 효과를 거둘 수 있다.

③ **위의 과정이 끝나면 이제 영화 대사를 내 것으로 만드는 단계가 필요하다.** 이미 익숙해진 발음을 기초로 원어민과 얼마나 같은 소리를 내며 따라할 수 있는지 테스트한다. 내가 말하는 것이 원어민의 억양과 강세에 맞는지 확인하는 가장 좋은 방법이다.

④ **배우 대신에 자신이 등장인물이 되어 말한다고 생각하고 말하는 연습을 한다.** "**귀여운 여인**"을 예로 들면, 자신이 남자라면, 리처드 기어의 대사 부분에서 정지시키고 자신이 대사를 하는 것이다. 그런 다음 의미를 곱씹으며 줄리아 로버츠가 하는 대사를 집중해서 듣는 식이다. 거울을 옆에 두고 자기 모습을 보면서 액션까지 취해가며 해보면 금상첨화다. 너무 오래하진 마시길. 식구들이 걱정하니까.

⑤ **그날 익힌 장면의 대사는 그날 즉시 응용해본다.** 영화에서 제시된 장면의 상황을 자신이나 다른 친구들을 등장시켜서 나름대로 각색해보는 것이다. 물론 대사에 나오는 단어들을 이미 자신이 아는 단어들로 대체시켜도 무방하다. 이처럼 개인적인 경험과 연계시킬 때 가장 기억이 오래 가며, 각인 효과가 크다. 이러한 간접경험을 통해 나중에 원어민을 직접 만나거나 외국에 가더라도 전혀 어색하지 않게 영어를 구사할 수 있게 된다.

『영어와 놀던 필자의 하루』

독자 여러분들은 애로우 잉글리시를 통해 이제까지 맛보지 못했던 놀라운 경험을 하게 될 것이다. 분명 '**왜 지금까지 이런 영어의 원리를 몰랐을까**' 한탄도 할 것이다. 하지만 "Better late than never"란 속담도 있듯이, 지금부터라도 이 책에 담긴 내용을 토대로 공부한다면 여러분이 상상하는 것 그 이상으로 빠르게 영어를 정복할 수 있을 것이다. 물론 꾸준한 노력과 관심이 있어야 가능한 일이다. 여러분이 다시 힘찬 발걸음을 내딛는 데 조금이나마 도움이 되고자 하는 마음에서 과거 필자가 영어와 함께했던 하루를 소개하고자 한다.

오전 7시, 다른 직장인들과 마찬가지로 나의 하루가 시작되는 시간이다. 라디오 알람시계 소리에 잠을 깬다. 라디오에서는 AFKN 방송이 흘러나온다. 의식이 돌아오기 전부터 내 귀로 경쾌하고 리듬감 풍부한 앵커의 목소리가 계속 입력되고 있다. 파자마 바람으로 문 앞에 놓인 신문을 가져온다. 영자신문은 아니다. 우리말로 된 ○○일보. 시원한 물 한잔을 마시고 신문을 본다. 대부분의 기사가 어제 저녁 뉴스에서 본 내용이다. 흥미로운 부분만 골라 빠르게 신문을 넘긴다. 뱃속에서 신호가 온다. **'응가'** 시간. 화장실 변기에 앉는다. 습관적으로 옆에 비치해 놓은 영어사전에 손을 뻗는다. 영영사전이 아니라 영한사전이다. 아무 페이지나 펼쳐서 단어의 기본 개념을 찾기 위한 즐거운 놀이를 한다. 결정적인 배출의 순간, 그 단어의 다양한 의미들이 찾아낸 기본 개념을 통해 거짓말처럼 머리에 쏙 들어온다. 잃는 것(?)이 있으면 얻는 것도 있는 법! 사실 지난 몇 년 동안 화장실에서 많은 어휘들과 예문을 익혔다. 아니 정확히 얘기하자면 이해했다. 하지만 그보다 더 중요한 것은 그동안 일대일 대응으로 무조건 암기해왔던, 죽어 있고 오염된 내 **'영어의 방'**을 살아 있는 기본 개념을 찾음으로써 깨끗이 청소할 수 있었다는 점이다.

식사를 마치고 서류가방을 챙긴다. 『You can read a book』 동화 시리즈 한 권, 영화 대본 책 한 권과 테이프, 워크맨, 그리고 벌써 몇 년째 갖고 다니는 영어 성경. 빠진 건 없는 것 같다. 전철역에서 『**코리아 헤럴드**』를 하나 산다. 욕심 같아서는 정기구독을 하고 싶지만, 시간 때문에 격일로 사서 읽는다. 전철 안에서 영자신문을 펼쳐들고 우선 카툰을 본 다음 헤드라인과 사진 기사를 읽는다.

눈에 확 들어오는 사진이 하나 있다. 뽀얀 먼지를 일으키며 군복을 입은 어린 소년들이 플라스틱 총을 들고 포복을 하고 있다. 언뜻 봐도 전쟁놀이를 하는 것 같지는 않다. 사진 밑의 캡션엔 이런 기사가 붙어 있다.

"Masked Palestinian children wearing military fatigues and holding toy-guns crawl during an anti-U.S. and Israeli rally organised by the Islamic Jihad in Gaza City Saturday."

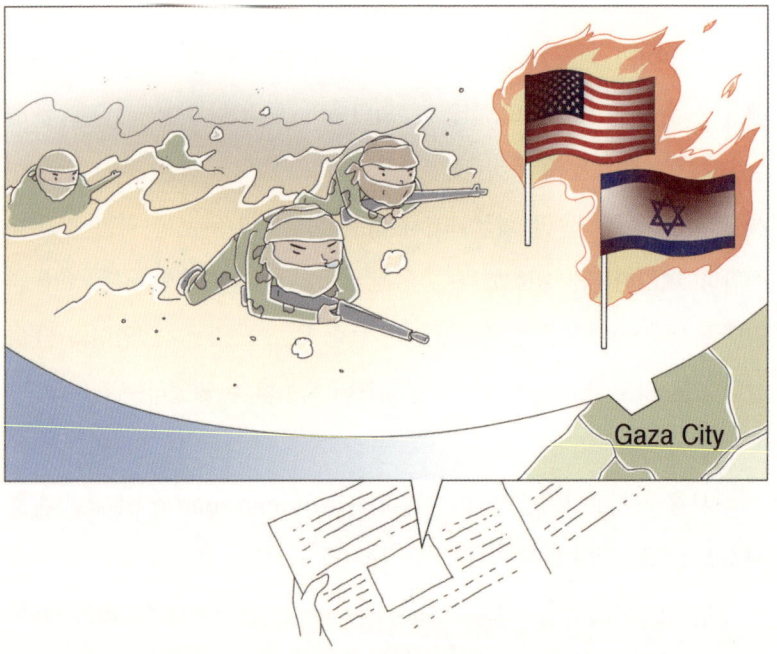

군복을 입고 총을 든 어린이들이 땅을 포복하고 있다. 지하드란 무슬림 단체가 반미, 반이스라엘 의식 고취를 위해 개최한 시위성 행사의 한 장면이다. 캡션을 한 번 읽고나서 그림만 보며 영어로 말해본다. 그리고 다시 캡션과 비교해 본다. 거의 맞다. 이번엔 내가 이 사진에 캡션을 붙인다면 어떻게 쓸까 궁리한다. 몇 년 전부터 사진기사로 공부하기 시작했는데, 아주 효과 만점이다.

요즘 읽고 있는 책은 『A Christmas Carol』. 아동용으로 나온 축약본이다. 문장에 쓰인 단어 수준도 고등학교 정도이고 큼직한 그림들도 참 많다. 특히 이 책은 동작과 감정을 나타내는 동사가 많아 많은 도움이 된다. 이 책을 읽는 방식도 사진기사를 읽는 방식과 비슷하다. 영문을 읽고 나서 그림만 보며 주어를 중심으로 말을 만들어 본다. 이 책 역시 나중엔 그림만 봐도 완벽한 영어가 술술 입에서 나올 것이다. 회사 동료들이나 친구들에게 영어 동화책을 읽으라고 권하면 다들 이런 표정이다. **"우씨, 내가 지금 나이가 몇인데…."** 하지만 난 확신한다. 그 친구들이 언젠가는 책에 실린 그림 하나도 제대로 영어로 표현 못한다는 울고 싶은 진실을 깨닫고 난 후, 그리고 주어를 중심으로 자연스럽게 확장되는 영어 본래의 원리를 깨닫고 난 후엔 땅을 치고 통곡하리란 걸.

오후엔 외국 바이어와 약속이 있다. 약간 일찍 사무실을 나와 버스를 탔는데, 길이 막히지 않아 30분 먼저 약속 장소에 도착한다. 참 잘됐다. 한 절반쯤 들은 〈포레스트 검프(Forrest Gump)〉를 들을 시간이다. 요즘은 영화를 통해 영어를 갈고 닦고 있다. 영화를 보고 영어를 완전히 이해하기가 쉽지 않기 때문에 더 매력을 느끼는 것 같다. 영화를 고를 땐 대사가 많고 **'보통사람들'**의 이야기를 다룬 것을 택한다. 그래야 얻을 게 많기 때문이다. 〈포레스트 검프〉의 대본과 테이프는 서점에서 구입했다. 참 세상 많이 좋아졌다. 몇 년 전만 해도 대본 구하기 참 힘들었는데…. 이 영화는 벌써 5번이나 봤지만, 이번에 대본을 다시 다 보고나면 또 한번 영화를 보면서 **'말하기'** 연습을 할 생각이다. 물론 모든 영화의 이해와 훈련에도 사진기사, 다양한 뉴스 방송들과 동일하게 철저히 애로우 잉글리시 방식을 적용하는 것이 이제는 몸에 배어 있다.

　벌써 **30분**이 흘렀는지, 외국 바이어가 내게 다가와 아는 척을 한다. 영미인은 아니지만 영어를 제법(?) 한다. 선수끼리는 알아본다던가? 이 친구가 내게 **"당신 영어 제법 한다"**고 말한다. 사업 성격상 필자는 외국인을 자주 만나는 편이다. 당연히 서로 영어로 소통하는데, 그동안 익힌 영어를 활용해 보는 기회가 되기 때문에 만남이 참 즐겁다. 학교 다닐 땐 주로 사설 학원의 영어회화 수업을 통해 외국인을 접했는데, 기대가 컸던 탓인지 실망도 컸다. 애초에 뭘 배우겠다고 덤벼든 게 잘못이다. 사실 지금 생각하면 그저 공부한 것을 활용해서 확인해보고 교정한다는 의미만으로도 충분했다.

　집으로 돌아오는 전철 안에서 아름다운 여성을 본다. 사실 별 건 아니다. 분위기 있는 여자가 스커트를 입고 하이힐을 신고 있는데 바로 그녀가 오늘의 **"우리말을 이용한 영어식 사고 훈련"**의 대상인 것이다. 먼저 우리말로 그녀의 모습을 묘사해본다. **"스커트를 입고 하이힐을 신은 여성을 본다. 그런데 향수 냄새가 마음에 들지 않는다.** 그런 다음 우리말 조사를 모두 빼고 주어를 중심으로 순서대로 확장되는 영어식 문장으로 바꾼다. 물론 주어는 '**나**'이다.

"나→본다→그녀→그녀→입었다→스커트→그리고→신었다→하이힐/ 나→아니다→좋다→냄새→관련된 건→향수→그녀→뿌렸다→그 향수"

그런 다음 순서대로 내가 아는 영어 단어로 치환해 본다. 단어가 조금 틀리는 건 괜찮다. 중요한 건 영어식으로 사고하고 그것을 영어로 옮겨보는 실행이다. 내가 완성한 문장은 이렇다.

"I peep at the girl who's wearing a skirt and high-hills. I don't like the smell of the perfume she's wearing."

뭔가 흥미로운 장면을 목격했을 때마다 나는 이런 방식으로 영어식 사고 훈련을 한다. 영어의 사고방식에 익숙해지고 머릿속에 들어 있는 영어의 지식을 실제 언어로서 활용하는 연습이 된다. 가장 큰 장점은 이미지로 영어를 이해하는 것이 습관처럼 몸에 밴다는 것이다.

집에 돌아와 TV를 본다. 필자가 자주 보는 방송은 CNN도 아니고 AFKN도 아닌, 국산 〈아리랑 TV〉이다. 물론 전부 영어로 나온다. 이 방송의 가장 큰 장점은 내가 이미 익숙하게 알고 있는 정보를 영어로 전달한다는 데 있다. 아침에 신문을 통해 읽은 내용, 국내 TV 뉴스에 보도된 내용, 한국인에게 익숙한 소재가 영어로 다양하게 나온다는 것이다. 혹 밤늦게 귀가할 경우엔 식구들에게 방해되지 않도록 인터넷 사이트에서 보고 싶은 부분만 곶감 빼먹듯 하나하나 골라 본다. 혹자는 이런 말을 한다.

"그 방송에서 뉴스 진행하는 사람들은 발음이 좀 이상하고 쓰는 표현도 한국식인 것 같다."

이렇게 말하는 사람과 아주 친한 친구가 있는데, 그 사람은 이렇게 말한다.

"우리나라 영자신문사 기자들은 기사를 좀 이상하게 써요. 뉴욕타임스나 워싱턴포스트와는 느낌이 상당히 다른 것 같아요."

무슨 근거로 이런 말들을 하는지 모르겠지만, 참 서글프기 그지없는 소리다. 뉴스를 진행하거나 영어 기사를 쓰는 분들은 영어의 **'대가'**들이다. 그런 잘못된 생각으로 영어 방송과 신문을 가까이하지 못한다면 **'영어정복'** 은 요원한 일일 뿐이다. 늦은 밤, 하루를 마감하며 영어 성경을 펼쳐든다. 몇 구절 읽다보니 눈꺼풀이 무겁다. 라디오 알람시계를 맞추고 잠자리에 든다.

약간의 픽션 요소와 또 약간의 과장법을 가미해 써본 과거 필자의 모습이다. 언뜻 너무하다 싶은 생각이 들지도 모르겠다. 영어를 달고 사는 것처럼 보일 것이다. 하지만 꼭 이렇게 해야 한다고 권하는 것은 아니다. 각자 시간적 여유, 마음의 여유가 다 다를 테니까. 얼마나 자주, 얼마나 오래 영어에 접하는 것도 중요하지만, 이 책에서 설명한 애로우 잉글리시 방식으로 생각하고 연습하는 게 훨씬 더 중요하다. 꾸준히 공부하길 바라고, 여러분 모두 필자와의 인연과 이 책과의 만남을 통해 영어 실력이 일취월장해지길 기원한다.

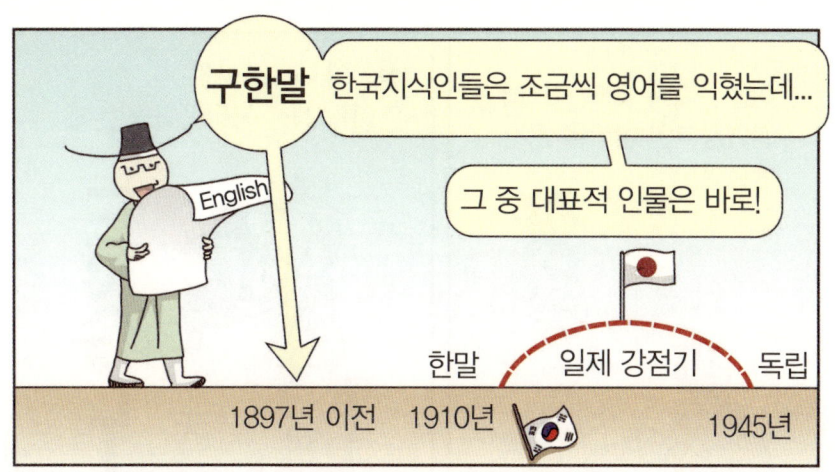

보시다시피 "공자 → 말하다" 주어보다 동사를 먼저 말하는 영어의 어순과 같습니다.

孔子曰 "知之者 不如 好之者 好之者 不如 樂之者"
공자왈 지지자 불여 호지자 호지자 불여 낙지자

※ 알기만 하는 사람은 좋아하는 사람만 못하고, 좋아하는 사람은 즐기는 사람보다 못하다.

"이다, 아니다"를 먼저 밝히는 영어의 어순과 동일한 것을 볼 수 있습니다.

한학의 어순(말의 순서)이 영어와 비슷했기에 한국말과 '**사고체계와 어순이 전혀 다른 영어**'를 단기간에 고급영어로 익힐 수 있었던 것입니다.

특히 이승만 대통령은 역대 대통령 중 가장 영어를 잘한 대통령으로 꼽히는데,

처음으로 영어를 배우기 위해 배재학당에 20세인 1895년 4월 2일 입학을 합니다.

놀랍게도 그는 입학한지 6개월 만에 신입생에게 초보영어를 가르치는 조교가 되었고,

2년 후, 졸업식에서는 한선판윤을 비롯한 각국의 공사, 조정의 대신등 600여명의 저명인사가 참석한 가운데 유창한 영어로 졸업사를 하여 장안의 화제가 되기도 하였습니다.

그 이후로는 이승만대통령 같이 단기간에 영어를 습득한 그런 이들은 더이상 나오지 않았습니다.

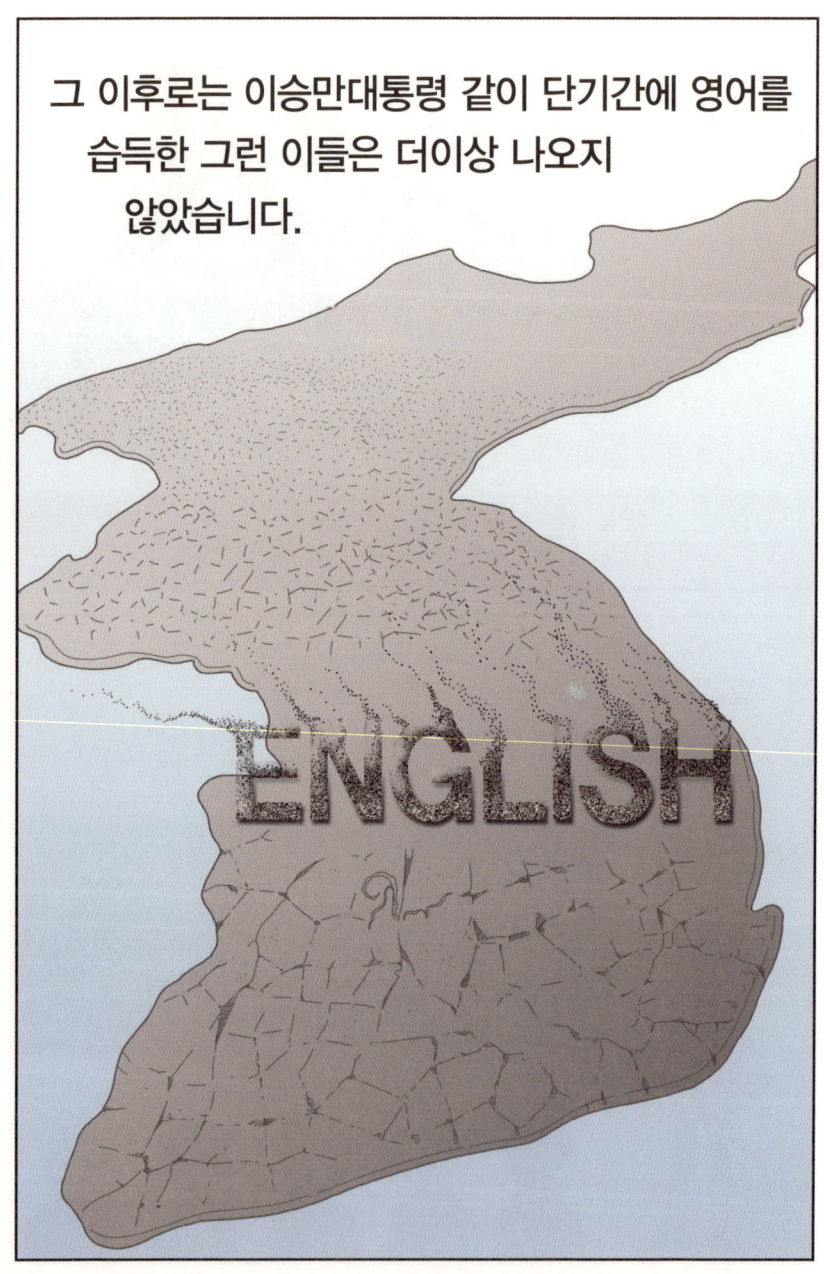

애로우 잉글리시 서울 강남 본원 및 전국 각지에서 공개강연회 진행중!
NOW!

서울 강남 본원
TEL 02)422-7505

서울 강남구 역삼동 831-24
예미프레스티지빌딩 3층

인천 센터
TEL 070-7013-7507

인천시 남동구 구월동 1128-1
아트뷰주상복합 4층 402호

전주 센터
TEL : 063) 243-0579

전주시 덕진구 우아동 2가 860-6번지 4층
4호(아중리 노동청사 부근)

부산 센터
TEL : 051) 807-7505

부산광역시 부산진구 부전동 261-9
유당빌딩 3층

대구 센터
TEL : 053) 745-7505

대구시 동구 신천동 337-8번지 2층
AE대구센터 (동대구역 7분 거리)

광주 센터
TEL : 062) 365-7505

광주광역시 동구 필문대로 136
경원빌딩 3층

대전 센터
TEL 042) 222-7505

대전시 중구 선화동 280-2 대제빌딩 2층
(중구청역 5~6분 거리)

애로우 잉글리시 신간!

이 책을 이런 학생들에게 추천합니다

- 읽는 속도가 느려 시간 안에 문제를 다 못 풀어요!
- 막연하게 읽기는 되는데 핵심이 파악이 안돼요!

- 책을 꼼꼼히 읽는 것만으로도 10점 이상 점수 올리는 비법 터득!
- 실전에서 어떤 문제라도 적용 가능한 진정한 독해기술 총망라!